Charles Baudelaire
Les Fleurs du Mal

PARCOURS Alchimie poétique :
la boue et l'or

David Ga...
Agrégé de Lettre...
Professeur au lycée Mireille-Grenet (Compiègne)

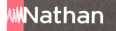

Sommaire

REPÈRES
1. L'auteur 4
2. Le contexte historique 7
3. Le contexte culturel 9

L'œuvre et le parcours associé

L'ŒUVRE

1. Pour entrer dans l'étude 12
2. Structure de l'œuvre et mouvements 15
3. Les thèmes de l'œuvre 17
   - **A.** La femme 17
   - **B.** Le spleen 19
   - **C.** La ville 20
   - **D.** L'alchimie poétique 21
   - **E.** Figurations du poète 22

LE PARCOURS ASSOCIÉ

Alchimie poétique : la boue et l'or

- **THÈME 1** La femme célébrée et refusée 23
- **THÈME 2** Le spleen, aux sources de la poésie 28
- **THÈME 3** Les métamorphoses de la ville 33
- **THÈME 4** L'alchimie poétique 38
- **THÈME 5** Les multiples figures du poète 43

Objectif BAC

Méthode

Apprendre et réviser

1. **Les types de mémoire** *Testez-vous !* 50
2. **Astuces pour mieux apprendre** 52
3. **Organiser ses révisions** 58
4. **Construire son planning** 59

La dissertation

1. **La dissertation en un coup d'œil** 61
2. **Réussir sa dissertation : méthode pas à pas**
   - SUJET 1 62
   - SUJET 2 72
   - SUJET 3 78

L'oral

1. **Méthodologie pour lire à voix haute** 84
2. **L'explication linéaire** 88
   - Explication linéaire 1 89
   - Explication linéaire 2 95
   - Explication linéaire 3 102
3. **L'entretien avec l'examinateur** 108

Lexique 112
Réponses aux quiz 115

REPÈRES

Charles Baudelaire

1 L'auteur

→ Une enfance dans la solitude

• **Charles-Pierre Baudelaire est né le 9 avril 1821** à Paris. Son père, Joseph-François Baudelaire, ancien prêtre, retraité de l'administration du Sénat qui se consacre à la peinture, a soixante-deux ans. Sa mère, Caroline Dufaÿs, en a vingt-huit. Son père meurt en 1827. Le futur poète est donc élevé par sa mère, aidée d'une servante dévouée, Mariette, dans leur maison de Neuilly, évoquée dans le poème : « Je n'ai pas oublié, voisine de la ville… » (poème XCIX des *Fleurs du Mal* en 1861). En 1828, sa mère se remarie avec le chef de bataillon Jacques Aupick, futur général et sénateur, mais surtout beau-père autoritaire avec lequel le poète sera toujours en conflit.

Citation à retenir

« Sentiment de destinée éternellement solitaire. »

Mon cœur mis à nu

• L'enfance de Baudelaire n'a **pas été très heureuse**, si l'on en croit les fragments publiés en 1887 sous le titre *Mon cœur mis à nu*, dans lesquels on lit : « Sentiment de *solitude*, dès mon enfance. Malgré la famille, et au milieu des camarades, surtout, – sentiment de destinée éternellement solitaire. Cependant, goût très vif de la vie et du plaisir. »

→ Une jeunesse turbulente

• **Les années suivantes se passent au gré de la carrière d'Aupick** : promu lieutenant-colonel à Lyon en 1831, il finit par être nommé en 1836 chef d'état-major à Paris. Baudelaire est donc d'abord mis en pension au Collège royal de Lyon, puis entre en 1836 au lycée Louis-le-Grand à Paris. Il se distingue par un prix en vers latins au Concours général en 1837. Il lit les poètes romantiques (Hugo, Sainte-Beuve, Gautier) et rédige ses premiers poèmes.

- En 1839, bien que renvoyé du lycée pour n'avoir pas dénoncé un camarade, il obtient son **baccalauréat**. Inscrit à l'École de Droit, il désire cependant devenir écrivain, rencontre le poète Gérard de Nerval et écrit à Victor Hugo. Mais il mène surtout **une vie d'étudiant dissipée**, fréquente des prostituées et accumule les dettes, ce qui pousse Aupick à l'éloigner de Paris.

➜ L'Ailleurs et la bohème

- En juin 1841, il s'**embarque** à Bordeaux sur un **paquebot à destination des Indes**, comme le souhaite sa famille. Mais, faisant escale à l'île de France (l'île Maurice), il refuse d'aller plus loin. Il y séjourne quelques mois puis se rend sur l'île Bourbon (La Réunion), avant de revenir en France au début de 1842.

- En avril 1842, devenant majeur, il réclame sa part de l'héritage paternel, s'installe sur l'île Saint-Louis à Paris, dans le luxueux hôtel Pimodan, et mène **une vie de dandy**, fréquente les cafés et entame une relation tumultueuse avec une actrice métisse, Jeanne Duval, qui durera plus de quinze ans.

- **Il écrit des poèmes et dilapide son héritage**. Cette vie scandalise sa mère et Aupick, qui le placent dès 1844 sous la tutelle financière d'un notaire pour une durée de vingt-trois ans : humilié, Baudelaire fait une tentative de suicide.

- Pour gagner de l'argent, **il devient critique d'art** et publie le *Salon de 1845*, puis le *Salon de 1846*. Certains de ses poèmes paraissent dans des revues (le premier est « À une dame créole », paru en mai 1845) et il en écrit notamment pour l'actrice Marie Daubrun, qui le séduit. Sa nouvelle *La Fanfarlo* est publiée en 1847.

➜ Désillusions politiques, enthousiasmes littéraires

- **En février 1848, il s'engage auprès des révolutionnaires,** fonde un journal et se bat sur les barricades. Mais avec le coup d'État de Louis-Napoléon Bonaparte le 2 décembre 1851, Baudelaire perd ses illusions : le peuple comme la bourgeoisie le déçoivent. Sa vie amoureuse est mouvementée : traversant une **période orageuse** avec Jeanne Duval, il tombe sous le charme de Mme Sabatier et, en 1854, fait de Marie Daubrun sa maîtresse. Mais c'est aussi une **période**

REPÈRES

Citation à retenir

« Le dandy s'habille avec une élégance recherchée et se comporte avec une certaine excentricité, pour signifier la "supériorité aristocratique de son esprit". »

Baudelaire, *Le Peintre de la vie moderne*, 1863.

La tutelle de Baudelaire

La tutelle de Baudelaire limite ses revenus à deux cents francs par mois, ce qui le plonge dans la misère.

de travail intense : il **traduit** de nombreux récits de l'écrivain américain **Edgar Allan Poe**, qui le fascine, rédige des textes critiques sur les écrivains de son temps et compose de nombreux poèmes. Le 1er juin 1855 paraissent dans *La Revue des Deux Mondes* **dix-huit poèmes** sous le titre *Les Fleurs du Mal*.

➜ *Les Fleurs du Mal* et leur procès

● **En juin 1857, Baudelaire publie un recueil de cent poèmes**, dont cinquante-deux inédits, *Les Fleurs du Mal*, chez l'éditeur Poulet-Malassis. Le tirage est de 1100 exemplaires (en 1856, *Les Contemplations* de Hugo sont tirées à 2 500 exemplaires à Paris et 3 000 à Bruxelles). Mais le livre, **accusé d'immoralité**, passe en **procès**. Le poète et son éditeur sont condamnés à des **amendes pour « outrage à la morale publique et aux bonnes mœurs »**, malgré le soutien d'écrivains (Sainte-Beuve, Hugo, Gautier, Asselineau…). Six poèmes doivent être supprimés.

● **Baudelaire, écrasé par les dettes**, dépressif, atteint par la syphilis, se consacre entièrement à l'écriture : il publie des poèmes en prose, le *Salon de 1859*, les *Paradis artificiels* (1860), et poursuit la traduction de l'œuvre de Poe. Il prépare la **seconde édition des** *Fleurs du Mal* **(1861)**, avec trente-cinq poèmes nouveaux et une structure remaniée. Elle sera tirée à 1 500 exemplaires.

➜ Une fin malheureuse

● **Les dettes, les drogues** (opium et haschich), l'échec de sa candidature à l'Académie française en 1862, la faillite de son éditeur, et la dégradation de sa relation avec Jeanne Duval pèsent sur Baudelaire. Il **poursuit cependant son œuvre poétique** (des poèmes en prose paraissent dans des revues) **et critique** (il écrit des articles élogieux sur le compositeur Richard Wagner, et consacre au peintre Constantin Guys une étude, *Le Peintre de la vie moderne*, 1863).

● **Il part en Belgique en 1864**, espérant y donner des conférences à succès et trouver de nouveaux éditeurs. Mais ses espoirs sont déçus. **Aigri, malade**, il est victime, en mars 1866 à Namur, d'une grave crise cérébrale, qui le laisse hémiplégique et incapable de parler. Hospitalisé à Bruxelles, puis à Paris, **il meurt le 31 août 1867, à 46 ans.** Une troisième édition des *Fleurs du Mal*, augmentée de douze poèmes, paraît en 1868.

Le saviez-vous ?

Ernest Pinard, le procureur qui a fait condamner Baudelaire, est aussi l'auteur des réquisitoires contre les romans *Madame Bovary* (1857) de Gustave Flaubert (récit jugé licencieux) et *Les Mystères du peuple* (1849-1857) d'Eugène Sue.

Quiz

1. Quel voyage permit à Baudelaire de découvrir l'exotisme des îles lointaines ?
2. Quel événement historique mit fin à l'engagement politique du poète ?
3. Pour quelle raison *Les Fleurs du Mal* furent-elles condamnées lors du procès de 1857 ?

2 Le contexte historique

→ L'instabilité politique

• L'époque de Baudelaire est marquée, en France, par une **forte instabilité politique**. Le pays, après le choc inouï de la Révolution française, peine à trouver un nouvel équilibre. La tentative conservatiste de restauration de la monarchie se heurte à des élans de libéralisme et de ferveur républicaine d'autant plus forts qu'ils s'appuient sur les bouleversements socio-économiques engendrés par la révolution industrielle.

• Ainsi, le soulèvement des **Trois Glorieuses, en juillet 1830**, a renversé le roi Charles X et mené au pouvoir Louis-Philippe Iᵉʳ, intronisé « roi des Français » (et non « roi de France »). Mais cette monarchie dite « libérale » et parlementaire est agitée par des révoltes populaires fréquentes et une véritable valse des gouvernements jusqu'en 1840, date à partir de laquelle le gouvernement de Guizot fait peser un certain immobilisme sur le pays. Les mauvaises récoltes des années 1846-1847, dues à des sécheresses, entraînent **une crise économique importante** et une demande de réforme politique : la **révolte populaire** gronde, et finit par éclater sur les barricades de février 1848, où se trouve Baudelaire, alors âgé de 26 ans, aux côtés des insurgés. La **Deuxième République** naît de cette nouvelle révolution.

• Mais dès le 2 décembre 1851, le président **Louis-Napoléon Bonaparte**, par un **coup d'État**, rétablit un pouvoir autoritaire et instaure, un an plus tard, le Second Empire. Pour

Le saviez-vous ?

Le coup d'État de Louis-Napoléon Bonaparte oblige Victor Hugo, écrivain farouchement opposé à celui qu'il surnommera « Napoléon-le-Petit » pour mieux souligner la différence avec Napoléon Iᵉʳ, à s'exiler hors de France, d'abord à Bruxelles, puis à Jersey et Guernesey. C'est donc à un poète exilé, symbole d'opposition et de résistance politiques, que Baudelaire dédie trois poèmes des « Tableaux parisiens » en 1861 (poèmes LXXXIX à XCI).

beaucoup, tel Baudelaire, les illusions de la Révolution de 1848 sont donc perdues. Celui qui se fait désormais appeler **Napoléon III** mène le pays d'une main de fer – et, bien que le régime s'adoucisse quelque peu après 1860, l'Empire ne s'écroulera qu'avec la guerre franco-prussienne de 1870.

➜ Paris en chantier

- **Capitale énorme**, Paris passe d'1,05 million d'habitants en 1846 à 1,85 million d'habitants en 1866. Mais cette population est **massivement pauvre** ; en 1862, on estime que 70 % des habitants sont dans la gêne ou dans la misère.

- Paris connaît des **travaux majeurs**. Le **baron Georges Haussmann**, préfet de la Seine de 1853 à 1870, est chargé d'organiser de grands travaux qui répondent à des **objectifs à la fois esthétiques** (donner à la ville un prestige égal à celui de Londres), **économiques** (donner du travail à des ouvriers) et **politiques** (ouvrir de grandes avenues qui rendent difficile l'érection de barricades lors des révoltes). La sécurité et la salubrité de la ville s'améliorent : l'éclairage au gaz des rues se généralise, 600 km d'égouts sont creusés et des parcs publics sont créés. Mais surtout, sur les avenues rectilignes, on construit des immeubles confortables, loués à des familles bourgeoises ; peu à peu, les familles pauvres tendent à s'éloigner en banlieue.

- Baudelaire est le **témoin de ces métamorphoses urbaines**, qu'il évoque avec une grande précision dans ses poèmes, en particulier dans la section des « **Tableaux parisiens** » des *Fleurs du Mal*.

Paris au XIXᵉ siècle

Les Halles (1852-1872) de l'architecte Victor Baltard, l'Opéra (1861-1875) dessiné par Charles Garnier, la vogue des restaurants dans la bourgeoisie et les premiers grands magasins (Le Bon Marché ouvre en 1852) participent également à changer l'aspect de Paris.

3 Le contexte culturel

REPÈRES

➜ Le monde littéraire et artistique du romantisme

• Lorsque Baudelaire arrive sur la scène littéraire, au début des années 1840, la vie culturelle est dominée par le **mouvement romantique**. Celui-ci est un vaste courant culturel qui s'étend sur toute l'Europe. Le romantisme est incarné en France par des **écrivains majeurs : Hugo, Lamartine, Vigny, Musset, Dumas** père, Stendhal, mais aussi par des figures moins célèbres qui ont marqué Baudelaire, comme Marceline Desbordes-Valmore, auteure du recueil *Les Pleurs* en 1833, ou le discret poète Aloysius Bertrand, « inventeur » du poème en prose dans *Gaspard de la Nuit* (1842). Les **peintres romantiques** ont également marqué un tournant dans la sensibilité et les techniques artistiques, tels Géricault, auteur du *Radeau de la Méduse*, et surtout Eugène Delacroix, à qui Baudelaire voue une admiration très profonde. Les **musiciens romantiques** sont aussi marqués par le génie, comme Berlioz, qui renouvelle la symphonie, ou Chopin, qui invente la technique moderne du piano.

• De **nombreux jeunes étudiants**, qui rêvent d'une carrière littéraire, côtoient les cénacles d'écrivains, ces réunions où l'on discute autour d'un maître admiré (comme Hugo ou Nodier). Ils vivent au jour le jour, dans une certaine pauvreté, et fréquentent les cafés et les théâtres.

La bohème

Le jeune Baudelaire fait partie de ce monde de la bohème : il lit des poèmes à voix haute (qui le rendent célèbre avant même qu'il les ait publiés), rencontre des écrivains, mène joyeuse vie auprès des femmes...

➜ La diversité des mouvements artistiques

• Mais le romantisme n'est pas un monde clos : **les mouvements esthétiques les plus divers cohabitent**, se mêlent et s'opposent dans une dynamique créatrice étonnante. Ainsi Baudelaire est-il amené à fréquenter aussi bien la peinture novatrice de **Delacroix** que la peinture dite académique (qui reste fidèle aux techniques traditionnelles enseignées dans les écoles d'art) ; en littérature, les romans réalistes de **Balzac** autant que la poésie parnassienne de **Théodore de Banville** et de **Charles Leconte de Lisle**, qui revendique la quête d'une Beauté intemporelle et éloignée de tout engagement politique ou social.

● Diverses influences nourrissent ainsi l'œuvre de Baudelaire, qui s'élabore lentement, et trouve son public en premier lieu grâce aux **journaux et revues**, qui connaissent au XIXe siècle un essor sans précédent. Les écrivains peuvent ainsi diffuser plus largement leurs œuvres, mais aussi vivre plus aisément de leur plume. Ainsi Baudelaire vivra-t-il en partie de ses articles de critique artistique et littéraire dans des revues et dans des quotidiens comme *Le Figaro*.

Quiz

❶ Citez trois des régimes politiques sous lesquels Baudelaire a vécu.

❷ Qui est l'organisateur des grands travaux qui modifient l'aspect de Paris dans les années 1850-1860 ?

❸ Quel mouvement littéraire et artistique domine la vie culturelle lorsque Baudelaire entre dans la vie littéraire ?

L'œuvre et le parcours associé

📖 L'ŒUVRE — *Les Fleurs du Mal*

1 Pour entrer dans l'étude 12

2 Structure de l'œuvre et mouvements 15

3 Les thèmes de l'œuvre 17
- **A.** La femme 17
- **B.** Le spleen 19
- **C.** La ville 20
- **D.** L'alchimie poétique 21
- **E.** Figurations du poète 22

🔎 LE PARCOURS ASSOCIÉ

Alchimie poétique : la boue et l'or

- **THÈME 1** La femme célébrée et refusée 23
- **THÈME 2** Le spleen, aux sources de la poésie 28
- **THÈME 3** Les métamorphoses de la ville 33
- **THÈME 4** L'alchimie poétique 38
- **THÈME 5** Les multiples figures du poète 43

L'ŒUVRE

1 Pour entrer dans l'étude

A Les Fleurs du Mal dans l'histoire littéraire

➜ **Un succès de scandale**

• Le recueil de Baudelaire est aujourd'hui incontestablement l'une des **œuvres majeures de la modernité littéraire** : il a ouvert des voies nouvelles à la poésie, par son esthétique originale comme par la sensibilité nouvelle qu'il met en œuvre. Pourtant, à l'époque de sa première édition, en 1857, *Les Fleurs du Mal* auraient pu passer presque inaperçues sans le procès, qui lui a valu un succès de scandale.

• Le recueil connut cependant également un **succès d'estime**, et Baudelaire était d'ailleurs bien connu des milieux littéraires, puisqu'il lisait à voix haute ses poèmes depuis les années 1840, et que nombre des pièces du recueil avaient été publiées en revues depuis 1845. Quelques grands auteurs ont marqué leur intérêt réel pour l'œuvre, tel le romancier Barbey d'Aurevilly.

Le procès de Baudelaire

En 1857, lors du procès, Baudelaire est condamné à 300 francs d'amende (or les 1 100 exemplaires des *Fleurs du Mal*, vendus à 3 francs, ne lui rapporteront que 275 francs) ; le soir même du verdict il se montre au café les cheveux rasés et avec une chemise sans col, comme un guillotiné…

Citation à retenir

« Voici le maître livre de notre poésie :
Les Fleurs du Mal. Jamais la vérité de parole, forme supérieure du vrai, n'a mieux montré son visage. »

Yves Bonnefoy, *L'Improbable et autres essais*, 1980.

➜ Une œuvre fondatrice

• Il ne faut pas attendre longtemps, néanmoins, pour que **l'importance littéraire de cette œuvre** soit admise par tous : dès les années 1870, l'influence des *Fleurs du Mal* sur les poètes se fait clairement sentir. De son vivant, Baudelaire avait déjà constaté avec dépit la naissance d'une « école Baudelaire ». Quoi qu'il en soit, le livre marque, par son **architecture concertée**, par sa **sensibilité exacerbée**, par son imaginaire *surnaturaliste*, c'est-à-dire donnant accès à des réalités dissimulées. Il marque aussi par l'ironie qui consiste à recourir à des **images dérangeantes** voire frénétiques et fantastiques tout en conservant un moule versifié assez traditionnel, parfois parnassien, jusqu'à la maladresse volontaire.

• Portant le romantisme vers son dépassement, annonçant souvent le symbolisme, Baudelaire est en tout cas, comme le dit le grand poète Pierre Jean Jouve, **« une origine » pour notre poésie** (*Le Tombeau de Baudelaire*, 1958).

B Parcours associé
« Alchimie poétique : la boue et l'or »

L'intitulé du parcours associé invite à considérer *Les Fleurs du Mal* comme une réflexion sur les pouvoirs de la poésie.

• Il convient d'abord de souligner que c'est **au XVIIIe siècle** que **l'alchimie a cédé définitivement la place à la chimie moderne**, qui naît d'une démarche expérimentale et mathématique, grâce au savant Lavoisier (1743-1794) notamment. Destituée de son statut de science, **l'alchimie est reléguée au rang de croyance ou de mystique**. Cela favorise l'intérêt que lui portent, au XIXe siècle, les écrivains romantiques, qui font de l'alchimiste un **personnage hanté par le savoir**, mais aussi par le pouvoir : percer les mystères de la matière est une manière de défi à Dieu. La pièce *Faust* (1808) de l'Allemand Goethe, le roman *La Recherche de l'absolu* (1834) d'Honoré de Balzac ou le drame *L'Alchimiste* (1839) d'Alexandre Dumas et Gérard de Nerval mettent à la mode le thème de l'alchimie. Mais c'est le poète Aloysius Bertrand qui, dans *Gaspard de la Nuit* (1842), fait explicitement de l'alchimiste **un double de l'artiste ou du poète**, comme l'étaient **le mage ou le prophète** (chez Lamartine ou chez Hugo).

● Baudelaire reprend ce thème et en fait un motif récurrent des *Fleurs du Mal*, avec une insistance qui permet d'y voir **une véritable interrogation sur ce que peut la poésie** : transfigurer la réalité ? Convertir le laid et l'immoral en beauté ? Faire du poète un démiurge, un créateur, à l'instar de Dieu ?

● Après Baudelaire, l'« **alchimie poétique** » sera une métaphore permanente de la réflexion de la poésie sur elle-même ; le poète Arthur **Rimbaud parlera de l'« alchimie du verbe »**, c'est-à-dire de **la magie des mots**. Le poète joue de cette magie du langage pour dire ses visions, car il est voyant, il **perçoit une réalité autre que la réalité commune**. C'est au XXe siècle chez les poètes surréalistes que cette conception de la poésie atteint son apogée : le poète surréaliste cherche à révéler les mystères du monde, en **dévoilant la surréalité** – définie comme intrusion du rêve, de l'esprit et de l'inconscient dans le réel ordinaire.

Voici donc les problématiques à travers lesquelles on peut aborder le parcours :

➡ **Comment la poésie transforme-t-elle la réalité ?**
➡ **La poésie nous aide-t-elle à voir le monde autrement ?**
➡ **La poésie ne doit-elle représenter que la beauté ?**
➡ **Dans quelle mesure le poète est-il un « voyant » ?**

Quiz

❶ Quels éléments peuvent expliquer le retentissement des *Fleurs du Mal* dès 1857 ?

❷ Quel poète a parlé de la magie des mots comme « alchimie du verbe », pour prolonger la réflexion de Baudelaire ?

2. Structure de l'œuvre et mouvements

STRUCTURE GÉNÉRALE

- Dans une lettre adressée à Narcisse Ancelle, le notaire institué en « conseil judiciaire » chargé de gérer son héritage, le 18 février 1866, Baudelaire reconnaît qu'il a déversé dans son livre ses humeurs et ses opinions : « Faut-il vous dire [...] que dans ce livre atroce, j'ai mis tout mon cœur, toute ma tendresse, toute ma religion [travestie], toute ma haine ? ». La vie de l'esprit de Baudelaire et ses fluctuations – sur une vingtaine d'années puisque les premiers poèmes datent du début des années 1840 – peuvent certes constituer une grande part de la matière des *Fleurs du Mal*. Cependant, il ne faut pas lire le recueil comme une sorte de journal intime poétique.

- Il existe en effet une certaine tradition romantique qui réunit, dans un ordre souvent chronologique, des poèmes de thèmes et d'inspiration souvent divers, illustrée par les ouvrages de Victor Hugo ou d'Alfred de Musset. Victor Hugo va plus loin encore dans *Les Contemplations*, son recueil publié en 1856, en rassemblant des poèmes hétéroclites et en manipulant leurs dates d'écriture afin de donner l'impression d'une continuité chronologique, faisant du livre les « *Mémoires d'une âme* », selon la formule de la préface. Rompant avec cette tradition, Baudelaire réorganise la matière vécue, faite d'aléas et d'états d'âme parfois incohérents, pour faire du livre un itinéraire qui a du sens. C'est un point sur lequel il insiste, par exemple dans une lettre au poète Alfred de Vigny en décembre 1861 : « Le seul éloge que je sollicite pour ce livre est qu'on reconnaisse qu'il n'est pas un pur album et qu'il a un commencement et une fin ».

- Le romancier Barbey d'Aurevilly l'a bien perçu à la lecture des *Fleurs du Mal*, puisque à ses yeux elles sont « moins des poésies qu'une œuvre poétique *de la plus forte unité* ». Il ajoute : « Au point de vue de l'Art et de la sensation esthétique, elles perdraient donc beaucoup à ne pas être lues *dans l'ordre* où le poète [...] les a rangées » (article proposé en 1857 au journal *Le Pays*, et refusé).

Un itinéraire spirituel

Le recueil présente un parcours qui va certes de la naissance du poète (« Bénédiction », poème I) à la mort (« Le Voyage », poème CXXVI), mais il s'agit moins d'un itinéraire biographique que mental, symbolique.

STRUCTURE DÉTAILLÉE

SECTION I

Placée après le texte liminaire « Au lecteur », la première section, **« Spleen et Idéal »** est la plus longue (poèmes I à LXXXV). Elle rend compte d'une oscillation permanente entre deux pôles : d'une part, un « Idéal » sans cesse désiré, sorte d'absolu spirituel et esthétique vers lequel tend sans cesse le poète sans jamais pouvoir l'atteindre ni le posséder pleinement, car il s'agit d'une pureté toujours déjà perdue ; d'autre part, le « Spleen », nom donné à un ensemble de souffrances physiques et surtout morales liées à un quotidien décevant et sclérosant, suscitant l'ennui, la tristesse et le dégoût. Ainsi l'être entier du poète se trouve-t-il constamment déchiré par ces deux tensions contradictoires, même si, vers la fin de la section, le « spleen » l'emporte nettement, plongeant le poète dans un véritable désespoir face au temps qui ronge l'être et à l'inéluctable mort qui l'attend.

SECTION II

La deuxième section, intitulée **« Tableaux parisiens »** et ajoutée en 1861 (poèmes LXXXVI à CIII) est consacrée à la ville, où le poète croise de multiples figures qui lui renvoient le reflet de son propre malheur et de sa propre laideur : vieillards, petites vieilles, aveugles… La solitude et la misère entourent le poète. Pourtant, les « Tableaux parisiens » marquent également l'entrée dans le monde des « paradis artificiels », illusoires et précaires, qui soulagent momentanément le poète de son désespoir face à l'inaccessibilité de l'Idéal, vrai paradis.

SECTIONS III À V

Les sections III à V poursuivent donc l'exploration des « paradis artificiels ». Dans la section **« Le Vin »** (poèmes CIV à CVIII), l'ivresse fait naître le mirage d'une libération et d'un envol, loin de la misère humaine, vers l'Idéal perdu. La section **« Fleurs du Mal »** (poèmes CIX à CXVII) offre la vision de l'amour toujours hanté par la débauche et les « péchés » de la chair ; si la luxure et la cruauté y prennent parfois une dimension sacrée, chercher dans la volupté une échappatoire à la condition humaine est une quête qui épuise et ruine l'être entier, corps et âme. La cinquième section, « **Révolte** » (poèmes CXVIII à CXX), amène le poète, revenu des tentatives décevantes et écœurantes de l'ivresse et de la luxure, à chercher un soulagement dans le blasphème, l'imprécation contre Dieu et l'appel à Satan ; mais ce dernier reste tout aussi silencieux que Dieu.

SECTION VI

La dernière section, intitulée « **La Mort** » (poèmes CXXI à CXXVI), constitue le dernier mouvement de l'itinéraire du poète, qui confie à la mort l'espérance d'une réconciliation avec l'absolu, l'Idéal. Le poète, comme l'amant, l'artiste ou le pauvre, fait le pari d'un saut dans « l'Inconnu », où il espère trouver du « *nouveau* », selon le dernier vers du « Voyage ». Dernière illusion, peut-être, mais qui permet un véritable apaisement.

Baudelaire envisageait de conclure le recueil sur un épilogue qui aurait fait pendant au poème initial « Au lecteur », comme l'atteste une lettre à son éditeur Poulet-Malassis en mai 1860. Il s'agit d'un poème en tercets, adressé à la ville de Paris. Bien que Baudelaire ait rédigé quarante-neuf vers, il n'a pas achevé ce texte ; c'est à la fin de ce projet qu'on trouve la fameuse formule « Tu m'as donné ta boue et j'en ai fait de l'or ».

3 Les thèmes de l'œuvre

A La femme

➜ La femme ou les femmes ?

• *Les Fleurs du Mal* font apparaître de multiples figures féminines. Certaines sont liées aux amours réelles de Baudelaire, en particulier les **trois « muses »** qui lui inspirent des « cycles » de poèmes dans « Spleen et Idéal » : la sensuelle et charnelle métisse Jeanne Duval ; la demi-mondaine Apollonie Sabatier, présentée comme une sorte de divinité, de femme rédemptrice ; l'actrice mystérieuse Marie Daubrun, que le poète considère comme une sœur, un double de lui-même. Mais d'autres femmes connues de Baudelaire sont à la source de certaines pièces du recueil, telles Sarah la Louchette (une prostituée) ou Mariette, la

Lexique

Une **demi-mondaine** désignait, au XIXe siècle, une femme, prostituée ou maîtresse, fréquentant les milieux mondains et entretenues par de riches Parisiens.

servante dévouée qui veilla sur l'enfance du poète. Il faut encore signaler des femmes dont l'identité n'a jamais été mise au jour, comme la « Francisca » du poème LX.

• Baudelaire, pourtant, ne réduit pas la femme, dans son recueil, à des figures réelles : bien des **figures mythiques** s'immiscent dans les poèmes, comme la déesse romaine de l'amour Vénus, Circé la magicienne (personnage de l'*Odyssée* d'Homère), Ève (la première femme selon la Bible) ou encore Lady Macbeth, inoubliable héroïne du théâtre de Shakespeare (dans le poème « L'Idéal »).

➜ **L'ambivalence féminine**

• Malgré ses **multiples incarnations**, qui sont autant de visages divers, l'être féminin apparaît dans l'ensemble du recueil comme essentiellement **ambivalent** : la femme permet au poète d'entrevoir l'Idéal, mais le plonge également dans le spleen. Dans une perspective religieuse, elle peut paraître sauver le poète du péché, et lui accorder une espèce de rédemption (voir le poème « Réversibilité » par exemple) : parfois figure de sainte (« Le Flambeau vivant »), elle est plus fréquemment désignée comme un « ange ». Elle est surtout l'intermédiaire entre le poète et la beauté, dont elle donne l'image.

• Mais, fondamentalement ambiguë, elle procure un accès à l'Idéal qui n'est le plus souvent qu'un apaisement, un **soulagement momentané du spleen** et du désespoir de vivre. Elle peut ainsi se montrer envoûtante et mener à l'extase par sa sensualité même (« La Chevelure »), mais c'est alors sur le mode du serpent (« Le Serpent qui danse »). Elle se révèle alors impure : être de boue, instrument du péché et tentation satanique (« La Destruction »).

C'est pourquoi la femme est toujours entre la chair et le ciel, **entre la boue et l'or**.

Citations à retenir

« Sa chair spirituelle a le parfum des Anges »

Poème XLII

« Ô fangeuse grandeur ! sublime ignominie ! »

Poème XXV

Quiz

1 Nommez les trois principales inspiratrices de Baudelaire.

2 Citez un titre de poème où la femme apparaît comme une tentatrice diabolique.

B Le spleen

➜ Un mot pour des maux

• Baudelaire distingue clairement le spleen de la mélancolie qui, chez les poètes romantiques (Lamartine, Musset), se colorait d'une certaine douceur, se rapprochait d'une vague tristesse dont on peut goûter les charmes. Le **spleen** baudelairien s'étend jusqu'à un **profond dégoût de l'existence**, et recouvre en fait divers maux de l'âme qui se manifestent par une faiblesse, un abattement : la solitude, la nostalgie, le sentiment d'impuissance, mais aussi, plus radicalement liés à la condition humaine, le sentiment coupable du péché qui s'attache à notre être, l'angoisse de la finitude (du temps et de la mort), et surtout l'ennui.

• L'**ennui** est chez Baudelaire proche du sens qu'il a chez le philosophe Blaise Pascal (1623-1662) : un accablement face à l'insuffisance, au néant de notre être, et qu'on ne peut oublier que par le **divertissement**, c'est-à-dire ce qui nous détourne, temporairement, d'y penser.

➜ Perte d'inspiration ou idéal poétique ?

• Le **spleen** est évidemment **négatif**. Cependant, en faisant naître la tristesse, le sentiment du malheur, le regret nostalgique, il est un élément nécessaire au poète. En effet, la beauté ne va pas sans affliction ni mélancolie : « J'ai trouvé ma définition du Beau – de mon Beau. C'est quelque chose d'ardent et de triste », lit-on dans *Fusées*, notes de Baudelaire publiées de façon posthume. Lorsque le spleen, en revanche, s'approfondit jusqu'au désespoir le plus profond, alors le poète ne parvient plus à créer : les quatre poèmes intitulés « Spleen » de la fin de la section « Spleen et Idéal », comme le poème « Alchimie de la douleur », montrent que le spleen peut mener à une sorte d'impuissance artistique, qui ne permet au poète que de « change[r] l'or en fer » (« Alchimie de la douleur »).

○ Lexique

Le terme « **spleen** » vient de l'anglais et signifie « rate », un organe qui sécrétait, selon la médecine ancienne, la bile noire, c'est-à-dire la mélancolie.

Citations à retenir

« L'ennui, fruit de la morne incuriosité, / Prend les proportions de l'immortalité. »

« Spleen », LXXVI

« Je suis comme le roi d'un pays pluvieux, / Riche, mais impuissant, jeune et pourtant très vieux. »

« Spleen », LXXVII

Quiz

1. Quelle est l'étymologie du mot « spleen » ?
2. Quelle est la différence entre le spleen et la mélancolie ?

C La ville

➜ Une certaine modernité

● **La ville est un thème que Baudelaire a introduit** en poésie. Certes, il arrivait que des poètes évoquent avant lui les villes et, par exemple, leurs « embarras » (leurs problèmes de circulation), tel le poète latin Juvénal dans ses *Satires* (90-127 ap. J.-C.) ; mais cela demeurait exceptionnel, et la poésie restait plutôt fidèle à la tradition bucolique ou pastorale, jusqu'au romantisme au moins.

● Les poètes romantiques eux-mêmes (Lamartine, Hugo), ont souvent privilégié dans leurs vers la nature, perçue comme propice à la rêverie et apte à accueillir ou à refléter les états d'âme. Baudelaire, au contraire, hait la nature, marquée par la dégradation, corrompue par l'omniprésence de la mort. Il introduit, en particulier avec les « Tableaux parisiens » de 1861, un certain **réalisme urbain en poésie**, en évoquant avec précision les transformations du Paris haussmannien, et les réalités parfois triviales ou sordides du Paris populaire.

➜ Solitaire et solidaire

● La **figure du poète** est fréquemment montrée en rupture avec les autres, **cherchant la solitude** où il peut s'adonner à la rêverie et écrire : dans « Le Soleil », il s'exerce « seul » à sa « fantasque escrime », quêtant les rimes « dans tous les coins » et « Trébuchant sur les mots comme sur les pavés ». Cependant, il ne cesse de croiser les autres : le monde urbain est celui des rencontres. « Les Sept Vieillards » et « Les Petites Vieilles », mais aussi « Le Cygne », montrent le poète attentif aux figures de l'exclusion qui le renvoient à sa solitude et à son angoisse : laissés-pour-compte, miséreux, marginaux sont comme lui, au milieu de la foule. Mais la solidarité, la sollicitude en pensée, n'abolissent pas le sentiment de solitude qui le hante, ni l'oppression que l'agitation urbaine peut quelquefois exercer sur lui.

Citations à retenir

« Dans les plis sinueux des vieilles capitales, / Où tout, même l'horreur, tourne aux enchantements, / Je guette, obéissant à mes humeurs fatales, / Des êtres singuliers, décrépits et charmants. »

« Les Petites Vieilles »

« La rue assourdissante autour de moi hurlait. »

« À une passante »

Quiz

① Pourquoi Baudelaire se détourne-t-il de la nature ?

② Quels poèmes peuvent illustrer la sympathie du poète pour les exclus ?

D L'alchimie poétique

→ Les pouvoirs de la poésie

- L'**alchimie** est d'abord pour Baudelaire un thème, qui enrichit le réseau fantastique du recueil, constitué des motifs de la sorcière, de la hantise fantomatique, des figures diaboliques et du registre macabre. Mais c'est aussi, plus profondément, une sorte de **métaphore de la poésie**, qui lui permet de mettre en image le travail du poète ou sa quête, et de réfléchir aux pouvoirs de l'écriture poétique. Ainsi le poète est-il, comme l'alchimiste, un déchiffreur des mystères du monde, des « symboles » de la « Nature », comme le dit le fameux sonnet « Correspondances ».

- Mais le poète est aussi celui dont la tâche est de **transfigurer la laideur** (visuelle ou morale) du réel, de la hausser au niveau de la beauté : il peut et doit « gard[er] la forme et l'essence divine » du corps en décomposition, comme on le voit dans « Une charogne », c'est-à-dire métamorphoser l'immonde en poème, **transmuter la boue en or**.

→ Un itinéraire spirituel

- Mais l'alchimie poétique n'est-elle qu'un désir de transfigurer le monde banal et laid ? N'est-elle tournée que vers le matériel ? Il n'en est rien : l'alchimie est aussi **une mystique, une voie spirituelle**. En cherchant à transformer la boue en or, le poète cherche d'abord à se transformer lui-même. Il se donne une mission, son existence retrouve donc un sens, et, en traversant les douloureuses oscillations du spleen et de l'Idéal, en se confrontant à la débauche et à la damnation, en se révoltant même contre Dieu, le poète accomplit en réalité un parcours qui le réforme lui-même. Faire de l'or avec la boue donnée par Paris, comme le dit le dernier vers du projet d'épilogue (1861), c'est en fin de compte accéder au sens de la **vocation de poète**.

Citations à retenir

« La Nature est un temple où de vivants piliers / Laissent parfois sortir de confuses paroles ; / L'homme y passe à travers des forêts de symboles / Qui l'observent avec des regards familiers. »

« Correspondances »

« Quand, ainsi qu'un poète, il descend dans les villes, / Il ennoblit le sort des choses les plus viles. »

« Le Soleil »

« Car j'ai de chaque chose extrait la quintessence, / Tu m'as donné ta boue et j'en ai fait de l'or. »

Projet d'épilogue pour l'édition de 1861.

Quiz

1. Quel sonnet du recueil parle du monde comme d'un temple orné de symboles ?
2. La transformation de la boue en or ne concerne-t-elle que le monde matériel, la réalité extérieure ?

E Figurations du poète

➜ Un être déchiré

• Le **poète**, en tant que figure construite par les textes, est expressément évoqué par une vingtaine de poèmes dans le recueil. Il apparaît, dès le début de « Spleen et Idéal » comme un être **pris dans des tensions contraires**. Voué au malheur, maudit par sa mère qui le rejette, le poète trouve dans sa souffrance son salut (« Bénédiction »). Raillé par la communauté des hommes, il sait que son empire est dans les cieux, dans le monde de l'esprit (« L'Albatros », « Élévation »). Irrésistiblement attiré par la sensualité féminine, il ressent aussi une profonde culpabilité dans le péché. Impuissant dans le spleen (« Alchimie de la douleur »), il peut aussi être un créateur aussi puissant que la lumière du jour (« Le Soleil »). Solitaire, il reconnaît avec compassion dans la foule urbaine les figures du malheur qui répondent à sa propre souffrance (« Les Petites Vieilles », « Les Aveugles »).

➜ Le poète et ses doubles

• Ces figures en qui il retrouve sa propre misère, qui sont à la fois des doubles de lui-même et des êtres distincts, reflètent **différents aspects de la condition du poète**. Ce sont les vieillards et les vieilles qui disent l'inéluctable déchéance ; ce sont les aveugles qui regardent le ciel avec inquiétude ; c'est la figure mythologique Andromaque, le cygne et tous les « exilés » qui se sentent loin de leur vrai pays ; ce sont encore, par-delà les seuls « Tableaux parisiens », les lesbiennes qui sont des « femmes damnées » et mises au ban de la société (« Femmes damnées »).

• Ce sont aussi les artistes qui, comme lui, ont créé dans la souffrance, et qui constituent des sortes de frères spirituels (« Les Phares »). Le poète démultiplie ainsi les **reflets** de sa propre situation pour en dire toute la complexité.

Citations à retenir

« Le Poète est semblable au prince des nuées / Qui hante la tempête et se rit de l'archer. »

« L'Albatros »

« Je suis de mon cœur le vampire, / – Un de ces grands abandonnés / Au rire éternel condamnés, / Et qui ne peuvent plus sourire ! »

« L'Héautontimorouménos »

Quiz

1 Citez une figure animale ou humaine à laquelle le poète est comparé par Baudelaire.

2 Quel poème énumère les artistes que le poète s'est choisis comme frères d'élection ?

LE PARCOURS

THÈME 1 — La femme célébrée et refusée

A Situer le thème dans le parcours

➜ La femme, éternelle muse ?

• Qui est la femme ? Dans la tradition poétique, l'amour est une **source essentielle d'inspiration** : il éveille le poète à la parole, parce que la **force du sentiment et du désir** est un **élan** qui porte vers l'autre et qui rend nécessaire la communication. La femme est donc, pour les poètes masculins, à la fois la **muse** (celle qui rend possible la parole) et la première destinataire (celle à qui l'on s'adresse).

• **Initiant le poète à la beauté**, l'amenant à traverser toute la gamme des états affectifs de l'être humain (du désir charnel au noble sentiment, du bonheur intime à la jalousie ou au deuil), la femme possède **mille visages**. Cependant, elle demeure massivement la désirée, l'aimée, **idéalisée comme l'éternel féminin**, qui porte le poète vers **le beau, le sacré**. Célébrer son nom seul suffit souvent à dire l'amour, preuve que l'amour pour la femme se confond avec l'amour du langage, de la poésie elle-même.

• Le romantisme du XIXe siècle l'élève au rang d'ange, intermédiaire entre l'homme et Dieu ; mais la tradition poétique garde aussi mémoire de la méfiance envers la femme, être sensuel, séduisant, qui – le personnage biblique d'Ève en témoigne – incarne une **tentation diabolique**. Chez Baudelaire, la femme peut aussi bien conduire le poète vers le haut comme vers le bas, **vers l'Idéal** comme **vers l'infernal**. Cette ambivalence signe le secret de la femme, être **incernable** et obscur, « continent noir » selon Freud, dont la poésie moderne continue de sonder le mystère.

UNE ŒUVRE, UN PARCOURS : *Les Fleurs du Mal*

→ Entre célébration et idéalisation

- *Canzoniere*, de Pétrarque (1342-1374)
- *Sonnets pour Hélène*, du recueil *Les Amours*, de Pierre de Ronsard (1578)
- *Méditations poétiques*, d'Alphonse de Lamartine (1820)
- « À la mystérieuse » (1926) du recueil *Corps et Biens*, de Robert Desnos (1930)
- *L'Amour la poésie*, de Paul Éluard (1929)
- « Hélène » (1936) du recueil *Matière céleste*, de Pierre Jean Jouve (1937)

Quiz

1. Comment appelle-t-on la femme comme incarnation de l'inspiration ?
2. Quel mouvement poétique a souvent angélisé la femme ?

B Des exemples pour la dissertation

▶ Pétrarque, *Canzoniere*, 1342–1374

Le poète humaniste Pétrarque compose pendant plus de trente ans les 366 poèmes du *Canzoniere* (*Le Chansonnier*). Ces poèmes, dont la majorité sont des sonnets, célèbrent une certaine Laure, personnage idéalisé. Le poète fait d'abord l'éloge de sa beauté et de sa douceur, en disant les variations subtiles de leur relation amoureuse ; puis la mort de son aimée l'amène à en chanter avec douleur le souvenir. Le recueil eut une influence considérable sur la poésie européenne, par l'idéalisation de la femme qu'il met en œuvre.

Citations à retenir

« D'*elle* vient ce noble courage qui te guide vers le ciel par le sentier direct, si bien que je vais déjà rempli de sublimes espérances. »

Sonnet XII

« Restons, Amour, à contempler notre gloire au sein de ces sublimes merveilles que la nature ne peut produire ; regarde bien tout ce qu'en elle il pleut de douceur […]. »

Sonnet CLIX

▶ Pierre de Ronsard, *Sonnets pour Hélène*, dans *Les Amours*, 1578

Chef de file du groupe de la Pléiade, auteur d'une œuvre monumentale et variée, Pierre de Ronsard (1524-1585) écrit probablement ce recueil de poèmes amoureux sur commande : la reine mère Catherine de Médicis lui aurait demandé de célébrer la beauté d'une dame de la cour, Hélène de Sugères, dont le fiancé venait de décéder, afin que celle-ci comprenne qu'elle pouvait à nouveau inspirer de l'amour. Le recueil comprend 111 sonnets et quatre autres poèmes, qui expriment le sentiment amoureux, font l'éloge d'Hélène et jouent sur son nom en la comparant au personnage mythique d'Hélène de Troie.

Citations à retenir

« Ma douce Hélène, non, mais bien ma douce haleine, / Qui froide rafraîchis la chaleur de mon cœur. »

I, III

« Quand vous serez bien vieille, au soir, à la chandelle, Assise auprès du feu, dévidant et filant, Direz, chantant mes vers, en vous émerveillant : "Ronsard me célébrait du temps que j'étais belle !" »

II, XXIV

▶ Alphonse de Lamartine, *Méditations poétiques*, 1820

Les *Méditations poétiques* d'Alphonse de Lamartine (1790-1869), furent le spectaculaire coup d'envoi du romantisme français : une génération entière de jeunes gens se reconnurent dans ces poèmes variés, mais dont le lyrisme paraissait réveiller la poésie, après les conventions du siècle précédent. Lamartine y chante, dans une versification relativement traditionnelle, des sentiments d'une intensité inédite : la mélancolie de la nature, la ferveur religieuse, l'amour pour un « ange », Elvire, femme idéalisée à l'extrême.

Citations à retenir

« Non, tu n'as pas quitté mes yeux ; Et quand mon regard solitaire Cessa de te voir sur la terre, Soudain je te vis dans les cieux. »

« Souvenir »

« Un seul être vous manque, et tout est dépeuplé ! »

« L'Isolement »

▶ Robert Desnos, « À la mystérieuse » (1926) dans *Corps et Biens*, 1930

Cette section du recueil, composée de sept poèmes parmi les plus célèbres de Robert Desnos (1900-1945), poète surréaliste qui mourut dans le camp de concentration de Terezín, exprime son amour malheureux pour Yvonne Georges, chanteuse et comédienne qui repoussa toujours ses avances. Femme inaccessible, la « mystérieuse » nourrit les rêves du poète et incarne un désir demeuré désir.

Citations à retenir

« J'ai tant rêvé de toi qu'il n'est plus temps sans doute que je m'éveille. »

« J'ai tant rêvé de toi »

« […] Ta voix et son accent, ton regard et ses rayons, / L'odeur de toi et celle de tes cheveux et beaucoup d'autres choses encore vivront / en moi, / En moi qui ne suis ni Ronsard ni Baudelaire, / Moi qui suis Robert Desnos et qui pour / T'avoir connue et aimée, / Les vaux bien […] »

« Non, l'amour n'est pas mort »

▶ Paul Éluard, *L'Amour la poésie*, 1929

Le titre même de ce recueil de Paul Éluard (1895-1952) est significatif : il pose l'équivalence de l'amour et de la poésie. Dédié à Gala, muse des surréalistes que le poète épousa, ce livre est formé de nombreux poèmes d'amour qui affirment que seule la femme donne sa lumière au monde, qui, sans elle, n'est qu'illusion ou grisaille.

Citations à retenir

« Tu as toutes les joies solaires / Tout le soleil sur la terre / Sur les chemins de ta beauté. »

VII

« Amoureuse au secret derrière ton sourire / Toute nue les mots d'amour / Découvrent tes seins et ton cou. »

XIII

« Il fallait bien qu'un visage / Réponde à tous les noms du monde. »

XXIX

▶ Pierre Jean Jouve, « Hélène » dans *Matière céleste*, 1937

Pierre Jean Jouve (1887-1976), poète fasciné par Baudelaire et marqué par la psychanalyse, a laissé une œuvre poétique singulière et complexe, dont une grande partie est hantée par la figure fictive d'Hélène, dont il chante la beauté charnelle. Dans « Hélène », ensemble de poèmes d'abord publié en plaquette en 1936 avant de devenir une section du recueil *Matière céleste* l'année suivante, l'écriture se fait célébration endeuillée, Hélène étant censée être morte, et transfigurée.

« Que tu es belle maintenant que tu n'es plus
La poussière de la mort t'a déshabillée même de l'âme. »

« Hélène »

« Ma beauté c'est une incalculable pierre
Le pays de blessure où Hélène vivait
Le mythe de ses pieds la soie de son odeur
Sauvagement appuyés à la terre. »

« Ma beauté »

THÈME 2 — Le spleen, aux sources de la poésie

A Situer le thème dans le parcours

→ Le spleen, un modèle poétique ?

- C'est peut-être avec la notion de **spleen** que l'influence des *Fleurs du Mal* sur la poésie de la seconde moitié du XIXe siècle est la plus manifeste, notamment sur le **mouvement symboliste**. Du « vague des passions » et de la douce mélancolie romantique, Baudelaire fait passer la poésie à un **dégoût de vivre** d'autant plus profond que l'**aspiration à l'Idéal** est **intense**. Le spleen, en effet, correspond à une **fondamentale déception** face aux **limites étroites du réel**, dans lequel le poète s'enlise, à l'encontre de son désir d'infini et de pureté. Cette déception est aussi historique : l'échec de la révolution de 1848 et l'emprise de la société par le régime bourgeois et autoritaire du Second Empire marquent Baudelaire autant que les poètes qui le suivent, tel Paul Verlaine.

- Le symbolisme est un idéalisme qui rejette le réel, dans tout ce qu'il a d'étriqué, de bourgeois, de vulgaire et de répugnant ; le monde matérialiste, industriel, capitaliste et démocratique nourrit une **vision pessimiste de l'existence**. Dans une certaine mesure, donc, les poètes symbolistes continuent, après Baudelaire, à dire leur mal-être dans l'existence, qui ne répond pas à leurs aspirations et à leurs rêves.

→ Une vision mélancolique de l'existence

- *Poèmes saturniens*, de Paul Verlaine, 1866
- *Le Spleen de Paris*, de Charles Baudelaire, 1869
- *Les Complaintes*, de Jules Laforgue, 1885
- *Serres chaudes*, de Maurice Maeterlinck, 1889
- *Poésies*, de Stéphane Mallarmé, 1899
- *Ferraille*, de Pierre Reverdy, 1937

Quiz

① Quel mouvement littéraire l'œuvre de Baudelaire annonce-t-elle ?

② En quoi le réel apparaît-il comme négatif pour les poètes qui suivent Baudelaire ?

B Des exemples pour la dissertation

▶ Paul Verlaine, *Poèmes saturniens*, 1866

Verlaine (1844-1896) place significativement son premier recueil sous le signe de Saturne, figure de la mélancolie, mais d'une mélancolie moins romantique (qui a sa douceur) que spleenétique, caractérisée par une perception douloureuse de la fuite du temps et de la précarité des êtres et des choses. La mort hante le recueil et le poète exprime son angoisse, mais par des effets subtils de suggestion (irrégularités de versification, métaphores, détails descriptifs) plutôt que de façon explicite.

Citations à retenir

« Dans leurs veines, le sang, subtil comme un poison,
Brûlant comme une lave, et rare, coule et roule
En grésillant leur triste Idéal qui s'écroule.
Tels les Saturniens doivent souffrir et tels
Mourir […] »

Texte liminaire

« Mon âme pour d'affreux naufrages appareille. »

« L'Angoisse »

▶ Charles Baudelaire, *Le Spleen de Paris*, 1869

Ce recueil d'une cinquantaine de poèmes en prose, dont certains avaient été publiés dans des revues, a été constitué après la mort de l'auteur. Bien que Baudelaire y expérimente la forme nouvelle du poème en prose (que seuls de rares poètes ont explorée avant lui), le livre s'inscrit clairement dans la continuité des *Fleurs du Mal*. En effet, c'est toujours le spleen qui constitue le fonds de l'expérience du poète : quoiqu'entrevu quelquefois, l'Idéal demeure hors d'atteinte dans un monde urbain et mesquin, suscitant angoisse et ennui. La poésie cependant sauve du néant et de la mort, à laquelle pourtant le poète répond aussi par le rire et la moquerie, plus présents que dans *Les Fleurs du Mal*.

Citations à retenir

« – Eh ! qu'aimes-tu donc, extraordinaire étranger ? /
– J'aime les nuages…
les nuages qui passent…
là-bas… là-bas…
les merveilleux nuages ! »

« L'Étranger »

« […] et vous, Seigneur mon Dieu, accordez-moi la grâce de produire quelques beaux vers qui me prouvent à moi-même que je ne suis pas le dernier des hommes […] »

« À une heure du matin »

« Il est l'heure de s'enivrer ! Pour n'être pas les esclaves martyrisés du Temps, enivrez-vous ; enivrez-vous sans cesse ! De vin, de poésie ou de vertu, à votre guise. »

« Enivrez-vous »

▶ Jules Laforgue, *Les Complaintes*, 1885

En 1885 paraît le recueil des *Complaintes*, le plus important du poète symboliste Jules Laforgue (1860-1887), né à Montevideo en Uruguay et mort à Paris. Fourmillant de traits d'humour et d'ironie, jouant avec le langage populaire et avec les libertés du vers libre dont il a contribué à faire le succès, ce livre n'en développe pas moins une vision fort pessimiste de l'existence. L'Idéal est mort, l'amour est désenchanté, la poésie elle-même est désarticulée (par le rythme bancal des vers, les ruptures de ton entre sanglot et sarcasme), et le sujet lyrique se sent fragile et voué au néant.

Citations à retenir

« En attendant la mort mortelle, sans mystère,
Lors quoi l'usage veut qu'on nous cache sous terre.
Maintenant, tu n'as pas cru devoir rester coi ;
Eh bien, un cri humain ! s'il en reste un pour toi. »

« Préludes autobiographiques »

« […]
Voyez l'Homme, voyez !
Si ça n'fait pas pitié ! »

« Complainte du pauvre corps humain »

▶ Maurice Maeterlinck, *Serres chaudes*, 1889

L'auteur belge d'expression française Maurice Maeterlinck (1862-1949), futur prix Nobel de littérature en 1911, commence sa carrière poétique par ce recueil typiquement symboliste. Le « je » poétique y exprime inlassablement sa mélancolie et sa solitude, insistant, comme le souligne le titre de l'œuvre, sur le sentiment d'enfermement dans un monde vitré et étouffant, à l'image de la serre ou de l'aquarium. Lui parvient la lumière diffuse d'un autre monde, celui de l'Idéal et du rêve, mais dont il est irrémédiablement séparé par une paroi translucide. Mêlant poèmes en vers mesurés et poèmes en vers libres, le recueil vaut aussi par l'abondance des images insolites qu'il propose.

Citations à retenir

« Ô serre au milieu des forêts ! /
Et vos portes à jamais closes ! »
« Serre chaude »

« Mon âme est malade aujourd'hui, / Mon âme est malade d'absences, / Mon âme a le mal des silences, / Et mes yeux l'éclairent d'ennui. »
« Chasses lasses »

« J'attends que la lune aux doigts bleus / Entr'ouvre en silence les portes. »
« Âme de serre »

▶ Stéphane Mallarmé, *Poésies*, 1899

Maître incontesté du symbolisme, Stéphane Mallarmé (1842-1898) est un auteur soucieux de perfection. Ses poèmes en vers, parus en revues et rassemblés en 1899, témoignent d'une volonté de s'éloigner du langage commun pour créer un langage poétique d'une rare élévation, où chaque mot se libère de l'usure liée à son emploi ordinaire pour retrouver une valeur propre. Mais le recueil s'ouvre avec des poèmes relativement simples, profondément marqués par Baudelaire, qui reprennent explicitement certains motifs des *Fleurs du Mal*, notamment spleenétiques, mais parfois avec une certaine distance : le guignon (malchance persistante), l'inaccessibilité de l'Idéal et de l'azur céleste, l'enlisement dans le réel bête et médiocre, l'impuissance du poète, l'angoisse…

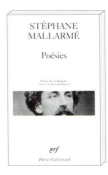

Citations à retenir

« Mais, hélas ! Ici-bas est maître : sa hantise
Vient m'écœurer parfois jusqu'en cet abri sûr,
Et le vomissement impur de la Bêtise
Me force à me boucher le nez devant l'azur. »

« Les Fenêtres »

« J'attends,
en m'abîmant
que mon ennui
s'élève… »

« Renouveau »

« La chair est triste, hélas ! et j'ai lu tous les livres.
Fuir ! là-bas fuir ! Je sens que des oiseaux sont ivres
D'être parmi l'écume inconnue et les cieux ! »

« Brise marine »

▶ **Pierre Reverdy, *Ferraille*, 1937**

Bien que loin du symbolisme, Pierre Reverdy (1889-1960) est un poète majeur du XXe siècle. Il s'est retiré dès 1926 dans la solitude du monastère de Solesmes, après avoir été l'un des pionniers de l'avant-garde artistique et littéraire (il fut proche de Picasso et d'Apollinaire). Dans *Ferraille*, repris en 1949 dans *Main d'œuvre*, il chante avec des accents douloureux une détresse et un désespoir qui ne lui étaient pas familiers auparavant ; ce recueil est ainsi, par son regard alourdi de tristesse sur le monde, assez proche de l'esprit baudelairien.

Citations à retenir

« Car ce que j'aime au fond c'est ce qui passe
Une fois seulement sur ce miroir sans tain
Qui déchire mon cœur et meurt à la surface
Du ciel fermé devant mon désir qui s'éteint. »

« Le cœur tournant »

« Je suis seul sur la lèvre tremblante du rivage
Seul sur le roc glissant des fièvres de la mort. »

« Sur la ligne »

THÈME 3 — Les métamorphoses de la ville

A Situer le thème dans le parcours

➜ Un espace pluriel

- Baudelaire est le grand initiateur de la **poésie de la ville moderne**. Il donne à l'expérience du sujet poétique dans la ville des caractéristiques qu'on retrouve chez bon nombre des poètes qui évoquent la vie urbaine après lui. La ville est d'abord un **dédale**, un **labyrinthe**, où le poète se sent parfois condamné à une **errance** par laquelle il se perd lui-même, dérouté, **détourné de son être propre**. La ville est aussi associée à une **foule**, qui renvoie paradoxalement le poète à sa **solitude** : la foule est une masse anonyme où le poète ne connaît, au fond, personne (« Multitude, solitude : termes égaux et convertibles » écrit Baudelaire dans *Le Spleen de Paris*). C'est enfin un **espace de l'imprévu**, de la **rencontre insolite**, et de la **métamorphose continue** : la ville change perpétuellement d'aspect, elle offre sans cesse de nouvelles apparences.

- C'est pourquoi la ville est profondément **ambivalente**, duelle, dans la poésie moderne : elle est **à la fois un espace d'aliénation**, de perte d'identité, d'exil loin de la nature, et un espace de surgissement de tous les possibles, **d'émerveillement permanent**. Elle peut concentrer en elle toutes les misères humaines, figurer un monstre dévorateur des hommes, ou au contraire devenir le **lieu magique de l'inouï, du merveilleux**, comme pour les surréalistes par exemple (Aragon, *Le Paysan de Paris*, 1926).

➜ Un espace de l'ambivalence

- *Le Spleen de Paris*, de Charles Baudelaire, 1869
- *Les Illuminations*, d'Arthur Rimbaud, 1886/1895
- *Les Villes tentaculaires*, d'Émile Verhaeren, 1895
- *Poète à New York*, de Federico García Lorca, 1940
- *Hors les murs*, de Jacques Réda, 1982
- *La forme d'une ville change plus vite, hélas, que le cœur des humains*, de Jacques Roubaud, 1999

Quiz

1 Qui a écrit : « Multitude, solitude : termes égaux et convertibles » ?

2 Pourquoi la ville est-elle un espace ambivalent ?

B Des exemples pour la dissertation

▶ **Charles Baudelaire**, *Le Spleen de Paris*, 1869

De l'aveu même de Baudelaire, ses poèmes en prose proviennent d'un désir de transposer, dans un langage poétique à la fois « souple » et « heurté », la variété et la mouvance des « villes énormes » (Dédicace du recueil, « À Arsène Houssaye »). Il s'agit d'inventer une nouvelle écriture pour dire la grande ville, fourmillante, industrielle et bourgeoise, du XIXe siècle. Tous les poèmes du recueil n'ont certes pas Paris pour décor ; mais le poète puise dans l'expérience de la ville sa sensibilité particulière à la misère sociale et à la solitude (au sein d'une foule anonyme et égoïste) comme son ivresse pour le changement et la diversité.

Citations à retenir

« C'est surtout de la fréquentation des villes énormes, c'est du croisement de leurs innombrables rapports que naît cet idéal obsédant [d'une prose poétique] ».
« À Arsène Houssaye »

« Celui-là qui épouse facilement la foule connaît des jouissances fiévreuses […] »
« Les Foules »

« J'invoque la Muse familière, la citadine, la vivante […] »
« Les Bons Chiens »

▶ Arthur Rimbaud, *Les Illuminations*, 1886/1895

Le jeune poète Arthur Rimbaud (1854-1891), qui renonce à la littérature à vingt ans après avoir laissé une œuvre de génie qui a bouleversé tous les codes de la poésie traditionnelle, a écrit entre 1872 et 1875 des poèmes en prose et en vers libres, qui n'ont été publiés que partiellement en 1886, puis en intégralité en 1895. Ces textes, souvent assez énigmatiques, évoquent à de multiples reprises le monde urbain (on devine parfois des échos à l'escapade du poète à Londres, avec Verlaine), dont la description oscille entre l'observation neutre (« Les Ponts ») et l'évocation des mythes (« Villes II »).

Citations à retenir

« Je suis un éphémère et point trop mécontent citoyen d'une métropole crue moderne parce que tout goût connu a été éludé dans les ameublements et l'extérieur des maisons aussi bien que dans le plan de la ville. [...] La morale et la langue sont réduites à leur plus simple expression, enfin ! »

« Ville »

« Toutes les légendes évoluent et les élans se ruent dans les bourgs. »

« Villes II »

▶ Émile Verhaeren, *Les Villes tentaculaires*, 1895

Le poète belge Émile Verhaeren (1855-1916) est déjà un poète reconnu lorsqu'il publie, après *Les Campagnes hallucinées* (1893) le recueil des *Villes tentaculaires*. La ville y est d'abord évoquée sous un jour monstrueux : univers où la misère des ouvriers, la laideur des usines, la détresse des veuves côtoient le triomphe de l'argent bourgeois et boursier. L'âge capitaliste et industriel est celui d'une prospérité qui vampirise le peuple. Mais le poète est attentif, malgré tout, à déceler la beauté qui se montre par bribes dans la ville : reflets luisants des bars, opulence des chairs féminines et forges aux lumières rouges. Le monde urbain engendre de plus l'espoir du progrès et de la révolte.

Citations à retenir

« La plaine est morne et morte — et la ville la mange. »
« La Plaine »

« Se regardant avec les yeux cassés de leurs fenêtres
Et se mirant dans l'eau de poix et de salpêtre
D'un canal droit, tirant sa barre à l'infini,
Face à face, le long des quais d'ombre et de nuit
Par à travers les faubourgs lourds
Et la misère en guenilles de ces faubourgs,
Ronflent terriblement les fours et les fabriques. »
« Les Usines »

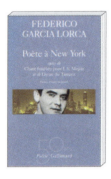

▶ **Federico García Lorca, *Poète à New York*, 1940**

En juin 1929, le poète espagnol Federico García Lorca (1898-1936) part à New York et s'inscrit comme étudiant à l'université de Columbia. L'immensité de la ville l'angoisse, la solitude au milieu de la foule lui pèse. Il découvre la misère des exploités, dans un monde où l'homme est déshumanisé par un travail machinal, au profit d'une industrie toujours plus avide d'argent. Dans Harlem, la chaleur humaine des Noirs et leur musique de jazz ne cachent pas le mépris qu'on leur voue. L'injustice est si flagrante et si oppressante que Lorca crie son indignation dans les poèmes de *Poète à New York*, écrits en 1929-1930, mais publiés seulement après la mort du poète.

Citations à retenir

« Parfois les pièces de monnaie en essaims furieux / percent et dévorent des enfants abandonnés. / […] / Il y a par les faubourgs des gens qui titubent d'insomnie / comme s'ils venaient de sortir d'un nuage de sang. »
« L'Aurore »

« Ce n'est pas l'enfer, c'est la rue. »
« New York Officine et dénonciation »

« Oh ! Harlem ! Harlem ! Harlem ! / Nulle angoisse pareille à tes yeux opprimés, / À ton sang qui frémit dans l'obscure éclipse […] »
« Le roi de Harlem »

▶ Jacques Réda, *Hors les murs*, 1982

Jacques Réda, né en 1929, chante le monde urbain dans ses recueils : *Les Ruines de Paris* (1977), *Le bitume est exquis* (1984), *Le Citadin* (1998), *Accidents de la circulation* (2001)… Jouant des possibilités de la versification et de la métrique, il explore la ville comme espace de flânerie qui permet de porter un regard nouveau sur le quotidien. Dans *Hors les murs* (1982), il s'attarde, avec tendresse et humour, sur les faubourgs périphériques et les banlieues de Paris.

« Sur le pont des Martyrs qu'un long soleil traverse, / Je me laisse engourdir par le rythme des trains, / Bossa nova du rail épousant la traverse, / Sans arrivée et sans départ. Je ne m'astreins / Qu'à regarder la Tour dont les sombres élytres / Reflètent l'or diffus du déclinant Phénix. »

« Vue de Montparnasse »

▶ Jacques Roubaud, *La forme d'une ville change plus vite, hélas, que le cœur des humains*, 1999

Jacques Roubaud, né en 1932, est un poète, romancier et mathématicien membre de l'Oulipo, ce groupe qui cherche, depuis les années 1960, à renouveler l'inventivité littéraire par de nouvelles formes poétiques. Ce recueil emprunte son titre au poème « Le Cygne » des *Fleurs du Mal*, c'est dire s'il s'inscrit dans la perspective de la poésie urbaine moderne. Mais Jacques Roubaud excelle surtout à donner à toute chose un aspect humoristique, et à jouer malicieusement avec les échos littéraires.

« Les rues de Paris ont des maisons de chaque côté / c'est une règle générale / si une rue de Paris n'a pas de maison sur un côté / et si sur l'autre côté il y a la Seine / alors ce n'est pas une rue, mais un quai. »

« Les rues de Paris »

« Sous le pont Mirabeau coule la Seine » / "Pourquoi voulez-vous donc qu'il m'en souvienne ?" »

« Pont Mirabeau »

THÈME 4 — L'alchimie poétique

A Situer le thème dans le parcours

➜ L'autre nom de la poésie

• Le **rapprochement** de la **poésie** et de l'**alchimie** s'opère **dès le romantisme**. Elle est favorisée par la **revalorisation du rêve** (chez le poète Gérard de Nerval, le prosateur anglais Thomas de Quincey, les auteurs allemands comme Novalis, etc.) comme puissance de l'imaginaire, capable de transfigurer la réalité mais aussi d'ouvrir ou **d'initier l'esprit à un autre monde**. Le poète, réduit au rang de versificateur au XVIIIe siècle de la raison et des Lumières, retrouve son **aura d'initié ou de prophète** : il redevient un Orphée qui a pénétré dans les ténèbres de la mort et peut en révéler les mystères, bien qu'il ait échoué à ramener des Enfers sa morte bien-aimée Eurydice.

• Car l'alchimie, comme la magie, est **une métaphore des pouvoirs de la poésie** : transfiguration de la réalité (mutation de la matière, du fer en or) mais surtout **transformation spirituelle de soi**, élévation par le savoir ésotérique[1]. Le poète se fait voyant, **déchiffreur de symboles** et messager du monde spirituel. Le mouvement surréaliste, au début du XXe siècle, reprendra encore cette figure du poète-alchimiste (jusque dans le *Second Manifeste du surréalisme* d'André Breton, paru en 1930) pour signifier la façon dont l'écriture poétique peut donner à voir, au-delà du réel et du visible, le monde surréel de l'inconscient, de la nuit et du mystère.

➜ Des langages chiffrés et magiques

• *Gaspard de la Nuit*, d'Aloysius Bertrand, 1842
• *Les Chimères*, de Gérard de Nerval, 1854
• *Une Saison en enfer*, d'Arthur Rimbaud, 1873
• *Le Drageoir aux épices*, de J.-K. Huysmans, 1874
• *L'Amour fou*, d'André Breton, 1937
• *Le Parti pris des choses*, de Francis Ponge, 1942

---

1. L'ésotérisme est l'affirmation du fait que certaines connaissances sont réservées à des initiés, et qu'on ne peut pas les vulgariser pour tout le monde.

Quiz

1 Définissez la notion de savoir ésotérique.

2 Quelle figure mythique incarne le statut de « voyant » du poète ?

B Des exemples pour la dissertation

▶ Aloysius Bertrand, *Gaspard de la Nuit*, 1842

Cet unique recueil d'Aloysius Bertrand (1807-1841), qui invente avec lui le poème en prose, passa longtemps inaperçu malgré l'hommage que lui rend Baudelaire dans *Le Spleen de Paris*. Il se place sous le signe de l'art (se référant aux tableaux hollandais et aux gravures de Callot) et de la fantaisie. Bertrand y déploie un imaginaire fascinant, situé pour l'essentiel dans le passé (du Moyen Âge au XVIIe siècle) et peuplé d'êtres cauchemardesques, tels Scarbot, figure de nain cruel, ou les sorcières du sabbat. L'alchimie y est évoquée à plusieurs reprises comme thème, mais aussi comme métaphore de l'art et de la poésie.

Citations à retenir

« [...] l'Art, cette pierre philosophale du XIXe siècle ! »
— « Gaspard de la Nuit »

« Nous ne sommes, nous, monsieur, que les copistes du créateur. »
— « Gaspard de la Nuit »

« Rien encore ! Et vainement ai-je feuilleté pendant trois jours et trois nuits, aux blafardes lueurs de la lampe, les livres hermétiques de Raymond-Lulle ! »
— « L'Alchimiste »

▶ Gérard de Nerval, *Les Chimères*, 1854

Gérard de Nerval (1808-1855) publie cet ensemble de douze sonnets à la suite des récits des *Filles du feu*. Le poète nous entraîne dans son imaginaire et ses visions. Employant parfois des symboles empruntés à l'alchimie (telles les couleurs noir, blanc et rouge dans le premier sonnet, « El Desdichado »), le recueil a pu être lu, avec excès, comme un message mystique caché. En réalité, il suit un parcours par lequel le sujet, en quête d'identité, finit par se fondre dans la Nature elle-même, dotée d'un esprit ; parallèlement, le poète parvient à créer un monde nouveau qui se substitue au quotidien comme à la mythologie antique, peu à peu reléguée dans l'obscurité.

Citations à retenir

« Et j'ai deux fois vainqueur traversé l'Achéron : / Modulant tour à tour sur la lyre d'Orphée / Les soupirs de la Sainte et les cris de la Fée. »

« El Desdichado »

« Respecte dans la bête un esprit agissant : / Chaque fleur est une âme à la Nature éclose ; / Un mystère d'amour dans le métal repose ; / "Tout est sensible !" Et tout sur ton être est puissant. »

« Vers dorés »

▶ Arthur Rimbaud, *Une Saison en enfer*, 1873

Cet ouvrage est le seul qu'Arthur Rimbaud (1854-1891) a tenu à faire publier de son vivant. Il se compose de neuf textes poétiques en prose, qui paraissent tracer un itinéraire poétique et spirituel. Placé par le premier texte sous le signe de Satan, le livre définit la poésie comme une quête dépourvue de but esthétique (le poète renonce à la Beauté) et visant la « vraie vie », par-delà une réalité décevante. Quête interminable, puisque « l'or » recherché se dérobe sans cesse, s'éloignant toujours au fur et à mesure de la marche du poète, qui se fait tour à tour sorcier, alchimiste, magicien et surtout « voyant », jusqu'au « délire » et à la folie.

Citations à retenir

« Un soir, j'ai assis la Beauté sur mes genoux. – Et je l'ai trouvée amère. – Et je l'ai injuriée. »
Poème liminaire

« Je ferai de l'or, des remèdes. »
« Nuit de l'enfer »

« J'écrivais des silences, des nuits, je notais l'inexprimable. Je fixais des vertiges. »
« Délires II – Alchimie du verbe »

« La vieillerie poétique avait une bonne part dans mon alchimie du verbe. […] Puis j'expliquai mes sophismes magiques avec l'hallucination des mots ! »
« Délires II – Alchimie du verbe »

▶ Joris-Karl Huysmans, *Le Drageoir aux épices*, 1874

C'est par la poésie que le romancier Joris-Karl Huysmans (1848-1907), futur auteur d'*À rebours* (1884), est entré en littérature. Placés sous le signe de Baudelaire, ces poèmes en prose présentent des *tableaux* le plus souvent *parisiens*. Le poète évoque dans un bizarre « bric-à-brac » (dit le sonnet initial) des sujets variés : des prostituées, un boucher, un hareng saur, les peintres hollandais, le poète Villon, les rues… Mais le style précis et parfois précieux transfigure ironiquement les réalités les plus triviales, et le poète-peintre habile d'une large palette de couleurs les êtres et les choses, comme l'émailleuse du dernier poème qui « transfigur[e] » et maquille une femme en Chinoise.

Citations à retenir

« Ta robe, ô hareng, c'est la palette des soleils couchants, la patine du vieux cuivre, le ton d'or bruni des cuirs de Cordoue, les teintes de santal et de safran des feuillages d'automne ! »
« Le Hareng saur »

« Oh ! tu es seul et bien seul ! Meurs donc, larron ; crève donc dans ta fosse souteneur de gouges ; tu n'en seras pas moins immortel, poète grandiosement fangeux, ciseleur inimitable du vers, joaillier non pareil de la ballade ! »
« À Maître François Villon »

UNE ŒUVRE, UN PARCOURS : *Les Fleurs du Mal*

▶ André Breton, *L'Amour fou*, 1937

Ce récit poétique est un chef-d'œuvre du « pape » du surréalisme, André Breton (1896-1966), qui s'inspire de sa vie (sa rencontre avec sa femme Jacqueline, leur voyage aux Canaries, la naissance de leur fille). Un parcours initiatique mène le narrateur et sa compagne, Ondine, en de multiples lieux symboliques. Breton parsème son récit d'allusions à la magie, à l'astrologie et à l'alchimie, par exemple pour décrire Ondine, qui allie les contraires : l'eau et le feu. L'amour est défini comme ce qui, par l'apparition saisissante de la beauté, transforme notre rapport au monde, soudain élargi, en comblant à l'excès notre désir.

Citations à retenir

« Elle [la beauté] seule a le pouvoir d'agrandir l'univers, de le faire revenir partiellement sur son opacité, de nous faire découvrir en lui des capacités de recel extraordinaire, proportionnées aux besoins innombrables de l'esprit. »
Chap. I

« La beauté convulsive sera érotique-voilée, explosante-fixe, magique-circonstancielle ou ne sera pas. »
Chap. I

▶ Francis Ponge, *Le Parti pris des choses*, 1942

Dans chacun des trente-deux poèmes en prose de cet ouvrage, Francis Ponge (1899-1988) explore une « chose », au sens large de la *leçon de choses*[1] : phénomène naturel, objet fabriqué par l'homme, petit animal, etc. Tel un alchimiste, il les observe attentivement et les déchiffre, découvrant ainsi la qualité réelle de la chose apparemment tout à fait banale. L'écriture cherche parallèlement à conférer à la chose une valeur supérieure, en se mettant en quête – à travers les jeux de mots, l'étymologie ou les résonances sonores du mot qui désigne la chose – de la correspondance secrète entre le mot et la chose, source d'une véritable jouissance poétique.

1. Procédé d'enseignement théorisé au XIXe siècle consistant à faire acquérir à l'élève, à partir d'un objet concret, une idée abstraite.

Citations à retenir

« Parfois très rare une formule perle à leur gosier de nacre, d'où l'on trouve aussitôt à s'orner. »
« L'Huître »

« Où qu'ils [les végétaux] naissent, si cachés qu'ils soient, ils ne s'occupent qu'à accomplir leur expression : ils se préparent, ils s'ornent, ils attendent qu'on vienne les lire. »
« Faune et Flore »

THÈME 5 — Les multiples figures du poète

A Situer le thème dans le parcours

➜ Du poète maudit au poète modeste

● Par-delà l'auteur, **le poète est une voix**, comme le narrateur dans le récit, mais aussi une figure, voire un **personnage**. Il se met en scène lui-même, **adopte d'innombrables et diverses postures**, interroge souvent sa fonction, mais plus profondément **sa propre réalité**. C'est que, longtemps considéré comme l'interprète des dieux (et ce, dès l'Antiquité grecque), c'est-à-dire comme un être sacré, le poète a progressivement perdu cette aura, **en perdant peu à peu sa position privilégiée au sein du monde social**.

● **Si les auteurs romantiques** le présentent encore comme « rêveur sacré » (Victor Hugo, « Fonction du poète », *Les Rayons et les Ombres*, 1839) ou comme **un mage**, ils n'ignorent pas, en effet, que le poète est, socialement, **une figure de plus en plus marginalisée**. C'est pourquoi l'on voit apparaître, aux alentours de la Révolution française, la figure du **poète malheureux**, isolé, qui devient dans la seconde moitié du XIXe siècle le « **poète maudit** » (selon l'expression de Verlaine), génie incompris, rebelle, conduit à se tourner vers un destin funeste (et pourtant souverain dans sa solitude parmi les hommes). Moins assuré de sa fonction comme de son existence, la figure du poète est alors également plus fréquemment ironisée, voire tournée en dérision, **destituée de sa posture élevée et sérieuse**. Mais cela ne va pas sans une certaine inquiétude, et le poète se définit désormais volontiers comme une voix précaire, fragile et inquiète d'elle-même.

➜ Le poète, une voix fragile et soucieuse

- *Les Nuits,* d'Alfred de Musset, 1835-1837
- *Les Amours jaunes*, de Tristan Corbière, 1873
- *Lettres à un jeune poète*, de R. M. Rilke, 1929
- *L'Ignorant*, de Philippe Jaccottet, 1958
- *Je voudrais pas crever*, de Boris Vian, 1962
- *Le Pêcheur d'eau*, de Guy Goffette, 1995

Quiz

1. Quelle évolution la figure du poète a-t-elle globalement suivie, de l'Antiquité à nos jours ?
2. Quel auteur a rendu célèbre la notion de « poète maudit » ?

B Des exemples pour la dissertation

▶ Alfred de Musset, *Les Nuits*, 1835–1837

Ce cycle de quatre poèmes d'une certaine ampleur fait écho à la crise sentimentale traversée par Alfred de Musset (1810-1857) dans sa relation avec la romancière George Sand, et à leur rupture. Le lyrisme, teinté de dolorisme, permet au poète d'exprimer sa souffrance, puis, dans le dernier poème (« La Nuit d'octobre »), de la dépasser en la considérant comme un passage vers un bonheur plus exigeant. Mais surtout, Musset trouve dans l'épreuve l'opportunité de formuler sa conception personnelle du rôle du poète : le dialogue avec la « Muse » permet en effet une réflexion sur la poésie et le poète.

Citations à retenir

« LA MUSE – Poète, prends ton luth ; c'est moi, ton immortelle, / Qui t'ai vu cette nuit triste et silencieux, / Et qui, comme un oiseau que sa couvée appelle, / Pour pleurer avec toi descends du haut des cieux. »

« La Nuit de Mai »

« LA MUSE – Les plus désespérés sont les chants les plus beaux, / Et j'en sais d'immortels qui sont de purs sanglots. »

« La Nuit de Mai »

« LE POÈTE – L'homme est un apprenti, la douleur est son maître, / Et nul ne se connaît tant qu'il n'a pas souffert. »

« La Nuit d'Octobre »

▶ Tristan Corbière, *Les Amours jaunes*, 1873

Œuvre unique de Tristan Corbière (1845-1875), le recueil des *Amours jaunes* est paru en 1873, mais passa inaperçu jusqu'à ce que Verlaine, dans le premier article des *Poètes maudits* (1881), le fît remarquer. Le titre souligne le fait que le poète, face à la femme, toujours indifférente et cruelle, se défend par un rire jaune, faussement joyeux, en maniant l'humour et le ton acerbe, qui venge du désespoir. La figure du poète est, chez Corbière, dépouillée de son idéalisme : le poète n'est plus oiseau, mais tour à tour laid comme un crapaud ou comme un lépreux, rejeté comme un paria, et handicapé comme un aveugle, même s'il reste « voleur d'étincelles » (« Rondel »).

« – Lui, c'était simplement un long flâneur, sec, pâle ;
Un ermite-amateur, chassé par la rafale...
Il avait trop aimé les beaux pays malsains.
Condamné des huissiers, comme des médecins,
Il avait posé là, soûl et cherchant sa place
Pour mourir seul ou pour vivre par contumace... »

« Le Poète contumace »

« Vois-le, poète tondu, sans aile,
Rossignol de la boue... – Horreur ! –

... Il chante. – Horreur !! – Horreur pourquoi ?
Vois-tu pas son œil de lumière...
Non : il s'en va, froid, sous sa pierre.

....
Bonsoir – ce crapaud-là c'est moi. »

« Le Crapaud »

▶ R. M. Rilke, *Lettres à un jeune poète*, 1929

Rainer Maria Rilke (1875-1926) est un poète autrichien qui fait partie des auteurs majeurs du XXe siècle. Il écrivit ses poèmes en allemand et en français. Ce livre, paru à titre posthume, est constitué de dix lettres authentiques adressées, entre 1903 et 1908, à un jeune homme qui avait demandé des conseils à Rilke. Celui-ci n'aborde pas la question des procédés techniques de l'écriture, mais réfléchit plutôt à la vocation du poète et à la dimension profonde et spirituelle qu'elle implique. Il s'agit donc d'une méditation sur le poète, où l'influence de Baudelaire est sensible ; l'idée majeure est que le poète doit chercher en lui sa vérité.

Citations à retenir

« Il n'est qu'un seul chemin. Entrez en vous-même, cherchez le besoin qui vous fait écrire : examinez s'il pousse ses racines au plus profond de votre cœur. Confessez-vous à vous-même : mourriez-vous s'il vous était défendu d'écrire ? »

Lettre 1

« Une seule chose est nécessaire : la solitude. La grande solitude intérieure. Aller en soi-même, et ne rencontrer durant des heures personne, c'est à cela qu'il faut parvenir. »

Lettre 6

▶ Philippe Jaccottet, *L'Ignorant*, 1958

Le poète contemporain Philippe Jaccottet (né en 1925 en Suisse) est l'auteur d'une œuvre poétique attentive à trouver un nouveau rapport de l'être humain au monde, dans la proximité de la nature. Il cherche à garder, par une écriture dépouillée, travaillant sur le non-dit, l'émotion ressentie devant le réel. Le poète, dont la voix ne peut plus prétendre, selon Jaccottet, posséder la vérité ni accéder à l'éternité, puisqu'elle sait sa précarité et la présence de la mort, se présente donc comme un être fragile et incertain, inquiet de son identité et soucieux de la justesse de sa parole. *L'Ignorant*, recueil en vers qui s'achève sur un « Livre des morts », illustre parfaitement cette interrogation sur le poète.

Citations à retenir

« Qui chante là quand toute voix se tait ? Qui chante / avec cette voix sourde et pure un si beau chant ? »
« La Voix »

« Plus je vieillis et plus je crois en ignorance, / plus j'ai vécu, moins je possède et moins je règne. »
« L'Ignorant »

« […] Ainsi s'applique l'appauvri, / comme un homme à genoux qu'on verrait s'efforcer / contre le vent de rassembler son maigre feu… »
« Travail du poète »

▶ **Boris Vian**, *Je voudrais pas crever*, 1962

En 1962 paraît à titre posthume un recueil de 23 poèmes écrits par Boris Vian (1920-1959), écrivain et musicien, entre 1951 et 1953. Cette publication a beaucoup fait pour la notoriété de cet auteur. Ces poèmes, écrits dans une période sombre (Vian se sépare de sa femme, a des soucis financiers et a conscience de ses problèmes cardiaques), évoquent souvent la mort, que le poète devine assez proche. Mais le recueil traite aussi, avec un humour et une dérision très marqués, du statut du poète : le « pohéteû » prend d'autant moins sa fonction et son inspiration au sérieux qu'il perçoit le néant qui l'attend.

Citations à retenir

« Si j'étais pohéteû / Je serais ivrogneû »
« Si j'étais pohéteû »

« Que faire d'autre
Que d'écrire, comme les autres
Et d'hésiter
De répéter
Et de chercher
De rechercher
De pas trouver
De s'emmerder
Et de se dire ça sert à rien »
« Un de plus »

« J'aimerais
Devenir un grand poète
[…]
Mais voilà
Je n'ai pas
Assez de goût pour les livres
Et je songe trop à vivre
Et je pense trop aux gens
Pour être toujours content
De n'écrire que du vent »
« J'aimerais »

▶ Guy Goffette, *Le Pêcheur d'eau*, 1995

Né en 1947, le poète Guy Goffette vit à Paris et compte parmi les voix importantes d'aujourd'hui. Son recueil *Le Pêcheur d'eau*, paru en 1995, est exemplaire de son art : un lyrisme discret, inquiet de ses impuissances, et à l'écoute des voix des autres poètes (nombre de textes font référence à des auteurs admirés). Pêcheur d'eau, le poète ne sait pas retenir ce qui s'en va, avec le temps et la mort, et ne peut qu'exprimer sa nostalgie, non sans humour toutefois. L'écriture, en « chantier », n'est qu'une tentative pour saisir l'insaisissable, et pour se saisir soi-même comme « passant ».

Citations à retenir

« [...] mais qui parle, qui
parle donc ainsi, à toute heure,

entre les bras du noyer, contre les portes
et sur la page où tu t'entêtes

à ravauder la vie avec des ailleurs, des
toujours, des encore tandis que la nuit vient [...] »

« Passant comme la pluie, V »

« Le fil bleu de ta vie, dans quelle cuisine d'ombres
l'as-tu laissé se perdre, lui qui te menait doux
comme ces mots sans voix à l'envers des poèmes [...] »

« Le Noyer d'hiver »

Méthode — Objectif BAC

Apprendre et réviser

1. **Les types de mémoire** *Testez-vous!* 50
2. **Astuces pour mieux apprendre** 52
3. **Organiser ses révisions** 58
4. **Construire son planning** 59

La dissertation

1. **La dissertation en un coup d'œil** 61
2. **Réussir sa dissertation : méthode pas à pas**
   - SUJET 1 62
   - SUJET 2 72
   - SUJET 3 78

L'oral

1. **Méthodologie pour lire à voix haute** 84
2. **L'explication linéaire** 88
   - Explication linéaire 1 89
   - Explication linéaire 2 95
   - Explication linéaire 3 102
3. **L'entretien avec l'examinateur** 108

Apprendre et réviser

1 Les types de mémoire

Testez-vous pour connaître votre type de mémoire

Les types de mémoire

▶ Chacun a une mémoire qui tend à être plus **visuelle** (retenir ce qu'on voit), **auditive** (retenir ce qu'on entend) ou **kinesthésique** (retenir ce qu'on ressent).

▶ Ces trois types de mémoire ne sont pas exhaustifs, ni exclusifs : on possède au moins un type de mémoire principal et un type secondaire.

Vous mémorisez mieux :
a. Les récits des cours d'histoire ou de français.
b. Les schémas de géographie, les formules de maths.
c. Votre propre prise de notes.

Votre astuce pour mémoriser vos cours :
a. Vous relisez votre cours à voix haute, comme si vous le récitiez à quelqu'un.
b. Vous relisez vos notes et vos fiches.
c. Vous demandez à quelqu'un de vous interroger.

Votre attitude au travail :
a. Facilement déconcentré par les bruits autour de vous.
b. Très concentré sur les cours et les exercices à faire, dans votre « bulle ».
c. En mouvement, vous relisez vos cours en marchant.

Votre entourage de travail :
a. Un parent, un ami, quelqu'un qui vous aide et vous motive.
b. Uniquement les cours, rien qui vous déconcentre.
c. Un peu de musique ou la télévision allumée en fond sonore.

Ce qui vous gêne en classe :

a. Les professeurs qui expliquent mal, ou que l'on entend mal. Impossible pour vous de vous concentrer et de retenir le cours.
b. Être loin du tableau, ou les professeurs qui n'écrivent rien au tableau : vous avez besoin de lire pour comprendre.
c. Devoir rester assis toute la journée, ne pas pouvoir être dans une position plus confortable pour l'écoute et la concentration.

Résultats du test

➜ **Vous avez une majorité de a :**
  vous avez une mémoire auditive
  • Vous retenez mieux ce que l'on vous raconte que ce que vous lisez. Vous avez besoin de vous entendre redire les cours pour mieux vous en souvenir, de relire vos fiches à voix haute, de répéter.

➜ **Vous avez une majorité de b :**
  vous avez une mémoire visuelle
  • Vous retenez mieux ce que vous lisez, les schémas, votre prise de notes, les mots-clés écrits au tableau ou sur vos fiches. Vous avez besoin d'organiser vos cours et vos fiches de manière aérée, visuelle : titres, sous-titres, mots soulignés, surlignés… Cela vous aide à comprendre les idées et à les retenir.

➜ **Vous avez une majorité de c :**
  vous avez une mémoire kinesthésique
  • Vous avez besoin de vous approprier les notions par tout le corps ! Vous devez bouger, entendre, voir pour bien retenir les choses. Vous pouvez apprendre en faisant les cent pas, en jouant avec votre stylo, en mettant vos cours en chansons…

Apprendre et réviser

2. Astuces pour mieux apprendre

A Tenir compte de son type de mémoire

Mémoire visuelle

- ✓ Pour apprendre, faites des dessins, des schémas, et associez des images à la notion que vous êtes en train de réviser ; vous pouvez par exemple utiliser des cartes heuristiques (cartes mentales) pour vos révisions.

- ✓ Réécrivez les parties du cours qui vous paraissent importantes, et rendez vos fiches de cours agréables à regarder, claires et précises. Surlignez, allez à la ligne régulièrement, faites des listes à puces… bref, rendez vos cours « visuels » !

Mémoire auditive

- ✓ Soyez très attentif en cours car c'est là que vous apprendrez la plus grande partie de vos leçons.

- ✓ N'hésitez pas à réviser vos cours avec un camarade, ou un adulte, à discuter des notions, à vous faire poser des questions à l'oral.

- ✓ Récitez votre cours à voix haute pour en faciliter la mémorisation.

Mémoire kinesthésique

- ✓ Essayez de faire des liens entre ce que vous apprenez et vos propres expériences.

- ✓ Apprenez en marchant, par exemple. Ne restez pas statique.

- ✓ Valorisez en particulier le sens du toucher. Lorsque vous révisez, vous pouvez manipuler des objets (gomme, crayon, balle anti-stress…) et lorsque vous reprendrez à nouveau ces objets, les notions de cours vous reviendront en tête.

Astuces kinesthésiques

▶ Manipulez vos livres, vos manuels, utilisez des post-it…

▶ Faites des fiches comportant les éléments essentiels, découpez-les, et réorganisez-les de manière à construire une progression logique dans le cours.

▶ Favorisez les cartes pour mémoriser (voir pages suivantes).

Objectif BAC

B Faire des fiches

Ne retenir que l'essentiel

● Une bonne fiche de révision est celle qui vous propose l'essentiel de votre cours. Vous devez donc distinguer une notion précise que vous devez retenir, ou des éléments pertinents (des dates, des définitions, une liste d'auteur et de leurs œuvres…).

Pour être efficace, retenez cette formule :

> une fiche de révision = un sujet

● Lorsque vous construisez vos fiches de révision, il est souvent plus intéressant d'envisager une autre structure que celle du cours pour que la lecture du cours et la révisions des fiches soient complémentaires.

Construire une fiche de révision

Le plus important dans une fiche de révision est sa clarté. Vous devez immédiatement comprendre de quoi il s'agit, et le retenir facilement ! Votre fiche doit compiler des notions essentielles et vous permettre de vous les remémorer rapidement. Pour cela :
● numérotez vos fiches et notez le titre de la fiche de manière claire et colorée, une couleur par rubrique et par niveau de titres ;
● dans le corps de la fiche, évitez de rédiger des phrases complètes, voire des paragraphes entiers. Soyez le plus synthétique possible, utilisez les listes à tirets, à points ou à numéros.

Des exemples de titres de fiche

Fiche 1 / Histoire / Le Second Empire
Fiche 2 / Histoire littéraire / Le romantisme
Fiche 3 / Histoire littéraire / Baudelaire
Fiche 4 / La poésie / Éléments de versification
Fiche 5 / La poésie / Le lyrisme
Fiche 6 / L'œuvre / La structure du recueil
Fiche 7 / L'œuvre / La notion de spleen

Apprendre et réviser

Avantage des cartes pour mémoriser

▶ Faciles à transporter, vous pouvez réviser **quand** et **où** vous voulez.

▶ Vous pouvez **réviser à plusieurs** (mélangez les cartes de chacun et tentez de répondre aux questions de tous…).

▶ Vous pouvez vous **tester régulièrement**.

C Les cartes pour mémoriser

Le principe de ces cartes est très simple : prenez une fiche bristol, notez **une information sur le verso** et **une information sur le recto**. Ces cartes s'adaptent à tous les types de mémoire. Leur but est de réactiver facilement et régulièrement le lien entre deux informations :
- un mot-clé du parcours et les thèmes qui s'y rapportent ;
- un écrivain et son mouvement littéraire ;
- une œuvre et sa date…

☑ **Mémoire auditive**
(lire la fiche à voix haute plusieurs fois)

Recto de la fiche *Verso*

La boue

- Laideur du réel
- Impureté morale, péché
- Misère, malheur

☑ **Mémoire visuelle**

Recto de la fiche *Verso*

Baudelaire

Entre romantisme, Parnasse et symbolisme
|
Charles Baudelaire (1821-1867)
|
Publie
<u>Les Fleurs du Mal</u> en 1857
→ Procès
→ 2 édition 1861

D Les cartes mentales

Les cartes mentales permettent de visualiser en un coup d'œil les éléments essentiels d'une notion, et les liens qu'ils entretiennent entre eux. Elles se lisent dans le sens des aiguilles d'une montre. Vous pouvez les réaliser à la main ou sur des sites internet gratuits, qui permettent une création rapide et facile.

Pour que votre carte soit claire et compréhensible, certains éléments sont indispensables :
- placez au centre le thème principal, éventuellement illustré par une image ;
- n'utilisez qu'un ou deux mots-clés par nœud ;
- chaque notion rattachée au thème principal irradie du centre, sous forme de branche courbe et colorée ;
- utilisez des couleurs ;
- favorisez des liens courbes plutôt que droits entre les nœuds ;
- vous pouvez hiérarchiser les idées en les écrivant en plus ou moins gros, dans un cadre plus ou moins épais.

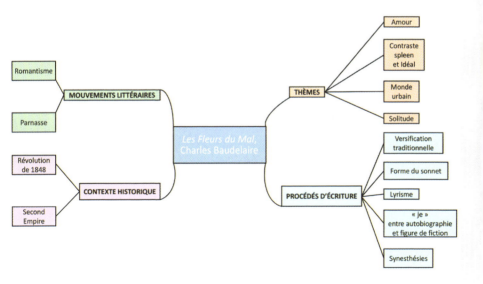

Apprendre et réviser

E Les nuages de mots

Pour réaliser un nuage de mots, vous pouvez vous rendre sur un site internet spécialisé (ils sont nombreux et généralement gratuits).

- Sélectionnez en premier lieu les termes que vous souhaitez retenir et qui permettent de définir simplement les grandes idées de l'œuvre.

- Sur le site, saisissez les mots sélectionnés, choisissez les critères de mise en forme (police de caractères, couleurs, orientation du texte, etc.).

- Votre nuage est créé ! Vous pouvez généralement le télécharger et l'imprimer.

Vous pouvez créer un nuage de mots pour l'œuvre dans sa globalité, un autre pour une section spécifique, un autre encore pour l'auteur…

F Les abécédaires

Cette manière originale de présenter une œuvre peut vous aider à vous remémorer l'essentiel en vous récitant simplement l'alphabet ! Vous pouvez n'utiliser que certaines lettres.

Les Fleurs du Mal
Abécédaire

Alchimie
Boue
Correspondances
Duval (Jeanne)
Ennui
Fantastique
Guignon
Horloge (L')
« **J**e » lyrique
Laideur
Mal
Or
Paris
Romantisme
Synesthésie
Transfigurer
Vin

G Les exempliers

- Un exemplier est une **liste d'exemples** destinés à mieux faire comprendre ou à retenir une notion.
- Il peut s'agir de citations, de mots, de noms…
- Un exemplier peut être très utile pour retenir des citations par thème et s'en servir dans la dissertation sur œuvre. Voici une proposition d'exemplier sur le thème de la mort, tiré des *Fleurs du Mal*.

Mort

1. « Ô vers ! noirs compagnons sans oreille et sans yeux,
   Voyez venir à vous un mort libre et joyeux. »
(« Le Mort joyeux »)
2. « (Car toujours le tombeau comprendra le poète) »
(« Remords posthume »)
3. « Ô Mort, vieux capitaine, il est temps, levons l'ancre !
   Ce pays nous ennuie, ô Mort ! Appareillons ! »
(« Le Voyage »)

Apprendre et réviser

3 Organiser ses révisions

A Faire un calendrier
De combien de temps disposez-vous ?

Pour bien s'organiser, il faut connaître les échéances : quelles sont les dates des interrogations, des bacs blancs, des épreuves de bac, des examens ? Vous pouvez les noter sur un calendrier pour visualiser leur enchaînement, les périodes chargées, et pour compter le nombre de jours ou de semaines qui précèdent chaque épreuve.

B Connaître ses priorités
Sur quelles notions mettre l'accent ?

☑ **Commencez par identifier les cours que vous avez à réviser** : s'agit-il des textes pour l'oral, de citations à apprendre par cœur, de cours de méthodologie pour la dissertation, pour le commentaire ? Faut-il faire des fiches, ou les apprendre, les réviser ?

☑ **Établissez vos priorités** : surtout, pas d'impasses, il faut tout réviser ! et on n'écoute pas les « ouï-dire » qui affirment que tel objet d'étude va « tomber » pour l'interrogation ou le jour du Bac. On ne peut pas savoir. Mais dans votre planning de révisions, commencez par ce qui vous demandera le plus d'implication, le plus de temps, et gardez pour la fin les tâches dans lesquelles vous êtes plus à l'aise.

☑ **Reprenez vos interrogations et bulletins précédents** : sur quels points votre professeur vous a-t-il demandé de vous améliorer ? S'agit-il du style, de la qualité de l'argumentation, de votre maîtrise de la méthode, de vos connaissances notionnelles ?

C Connaître son type de mémoire
➜ **Reportez-vous aux pages 50-51 pour connaître votre type de mémoire et ainsi savoir ce qui vous convient le mieux pour apprendre.**

4 Construire son planning

A Bien s'organiser
Comment construire un planning de travail ?

- **Ménagez des plages de travail suffisamment longues** pour avoir le temps de vous concentrer sur une tâche, mais pas trop longues non plus pour ne pas perdre haleine. Une plage de **01h30 à 02h00** paraît un bon compromis.
- **Prévoyez de travailler le matin** les matières demandant le plus de concentration (le travail sur les lectures linéaires ou la reprise des dissertations). Prévoyez un moment de révisions en **fin de journée**.
- **Gardez une plage horaire vide de deux heures** en milieu de semaine ; cela vous permettra de récupérer le retard le cas échéant, ou de faire complètement autre chose si vous avez bien avancé les jours précédents !
- **Pensez à varier le type d'activités** dans une même journée : travail oral + écrit + fiches + apprentissage par cœur…
- **À la fin de chaque journée,** vérifiez que vous avez rempli vos objectifs.

B Préparer son espace de travail
Où et comment travailler ?

- **Choisissez un endroit où vous allez travailler durant toute la période de révisions** : votre bureau, la bibliothèque, la table du salon… Le lieu doit être au calme et suffisamment spacieux pour pouvoir disposer toutes vos affaires, tous vos livres au même endroit sans avoir à faire des allers-retours.
- **Ménagez-vous des moments de détente** : pauses de 15 minutes le matin et l'après-midi, temps de détente après le déjeuner pour s'aérer un peu l'esprit.
- **Éteignez votre téléphone portable**, ou passez-le en mode silencieux. C'est vraiment important pour être sûr de rester concentré.

La dissertation

→ **Pour le Bac, la dissertation porte sur une œuvre intégrale étudiée durant l'année et sur le parcours associé qui l'accompagne.**

La dissertation au bac

- La **dissertation** est l'une des épreuves écrites proposées au baccalauréat, en concurrence avec le **commentaire de texte** (toutes filières) ou la contraction de texte suivie d'un essai (uniquement pour la littérature d'idées en filières technologiques).

- Les élèves disposent de **4 heures** pour la rédiger. Ce travail d'écriture peut parfois inquiéter les candidats, et pourtant, c'est une épreuve rassurante que l'on peut très bien préparer en amont.

- Pour réussir sa dissertation, il faut bien connaître la **méthodologie** de l'épreuve, et maîtriser parfaitement les œuvres intégrales étudiées durant l'année (sur lesquelles vous aurez constitué de nombreuses fiches durant vos révisions).

Objectifs de l'épreuve

On vous demande de :

1. répondre à la question que pose le sujet ;
2. trouver une problématique permettant d'élargir la réflexion portée par le sujet ;
3. construire une argumentation élaborée en deux ou trois grandes parties autour de cette problématique ;
4. savoir utiliser vos connaissances et votre interprétation de l'œuvre sur laquelle porte la dissertation, ainsi que des textes appartenant au parcours associé ;
5. utiliser un vocabulaire soutenu, une syntaxe claire, une orthographe rigoureuse.

La dissertation

Qu'est-ce que c'est ?

« Discours ou écrit où sont développés, de façon ordonnée, des arguments sur un sujet, un thème, ou une question scientifique. »

« Dans les classes terminales du second cycle des lycées et dans les universités : exercice écrit, que l'on donne aux élèves ou aux étudiants, qui consiste dans la discussion argumentée d'un sujet donné. »

Quiz

1. Sur quoi peut porter la dissertation le jour du Bac ?
2. Combien de parties une dissertation doit-elle comporter au minimum ?
3. Par quoi commence l'introduction d'une dissertation ?

1. La dissertation en un coup d'œil

Objectif BAC

> **Une introduction rédigée en un seul paragraphe, qui reprend les éléments suivants**

- Accroche
- Reprise du sujet
- Discussion du sujet
- Problématique
- Annonce du plan

[alinéa 1] Annonce de l'axe de la grande partie et des sous-parties.
[alinéa 2] Premier argument, développé en s'appuyant sur des exemples interprétés.
[alinéa 3] Deuxième argument, développé en s'appuyant sur des exemples interprétés.
[alinéa 4] Troisième argument, développé en s'appuyant sur des exemples interprétés.
[alinéa 5] Bilan de la partie et transition vers la partie suivante.

> **Deux ou trois grandes parties qui sont toutes construites sur le même modèle**
>
>
> *On ne saute pas de lignes au sein d'une même partie, mais on saute des lignes entre chaque grande partie !*

- Bilan et réponse à la problématique
- Ouverture

> **Une conclusion rédigée en un seul paragraphe, qui reprend les éléments suivants**

La dissertation

UNE ŒUVRE, UN PARCOURS : *Les Fleurs du Mal* 61

La dissertation

2. Réussir sa dissertation : méthode pas à pas

SUJET 1

→ Dans le roman *Mémoires d'Hadrien* (1951), Marguerite Yourcenar fait écrire au narrateur : « Les poètes nous transposent dans un monde plus vaste ou plus beau, plus ardent ou plus doux que celui qui nous est donné, différent par là même et en pratique presque inhabitable. »
Dans quelle mesure cette réflexion vous semble-t-elle éclairer votre lecture des *Fleurs du Mal* de Baudelaire, et le parcours associé ?

A Analyser le sujet

1re ÉTAPE Trouver des équivalents aux mots-clés

> **Les poètes** : l'ensemble de ceux qui produisent de la poésie. Généralité, pas de situation historique précise.
> **Nous transposent** : projettent les lecteurs.
> **Monde plus vaste ou plus beau, plus ardent ou plus doux que celui qui nous est donné** : monde idéalisé, par opposition à la réalité.
> **En pratique presque inhabitable** : utopique et illusoire.

2e ÉTAPE Analyser le sujet

- **Le verbe « transposer » doit être étudié** : s'agit-il de dire que les poètes créent des fictions dans lesquelles le lecteur peut se projeter ? Sommes-nous, lecteurs, enfermés par la poésie dans un idéalisme qui nous éloigne du réel ?

- La formule « monde plus vaste ou plus beau, plus ardent ou plus doux que celui qui nous est donné » **présuppose que le monde réel est étriqué, plat, banal et laid**. Est-ce que tous les poètes voient la réalité ainsi ? N'y a-t-il pas des poètes qui célèbrent ou qui au moins se satisfont de la réalité quotidienne ?

B Bâtir un plan

3ᵉ ÉTAPE Rédiger le plan détaillé

I. La recherche d'un Idéal
a. Une idéalisation du monde
b. Une idéalisation de l'être aimé
c. Une recherche de l'absolu

II. L'épreuve d'un monde réel inhabitable
a. Une sensibilité exacerbée
b. De la boue à l'or
c. Dire la misère de la condition humaine

III. « Habiter poétiquement le monde »
a. Parvenir à l'Idéal, une espérance toujours maintenue
b. Déceler par les mots la magie du monde
c. Capter la beauté des choses

C Rédiger sa dissertation

4ᵉ ÉTAPE Rédiger l'introduction

> Le poète est fréquemment associé, dans l'imaginaire commun, à une figure de rêveur, perdu dans un idéalisme qui l'éloigne du monde réel. On lui reproche de vivre dans un autre monde, qu'il se crée en conformité avec ses aspirations profondes, et donc de ne pas s'adapter aux contraintes de la réalité ; ou bien de nous faire entrevoir un monde fictif qui, parce qu'il est inaccessible et parfait, ne peut qu'engendrer la déception.
> Ainsi, le narrateur du roman Mémoires d'Hadrien (1951) de Marguerite Yourcenar formule ce jugement : « Les poètes nous transposent

Accroche : débuter la dissertation par une ou deux phrases d'amorce

Utiliser des connecteurs, pour montrer le cheminement de la réflexion.

Reprise du sujet avant de le reformuler en problématique

La dissertation

Problématique → dans un monde plus vaste ou plus beau, plus ardent ou plus doux que celui qui nous est donné, différent par là même et en pratique presque inhabitable. » Le poète est-il ce créateur d'illusions frustrantes que cette phrase dénonce ?

Annonce du plan → Nous verrons que le poète moderne, et d'abord Baudelaire avec ses Fleurs du Mal (1861), se tourne certes vers un absolu ou un Idéal dont il dessine les contours. Mais c'est parce qu'il fait l'épreuve d'un monde réel inhabitable, ou en tout cas hostile. Nous montrerons alors que l'effort que s'impose le poète moderne est d'« habiter poétiquement le monde », selon la belle expression du poète allemand Friedrich Hölderlin (1770-1843), et de nous permettre de le faire nous aussi.

5ᵉ ÉTAPE Rédiger le corps du devoir

> Les titres des parties et des sous-parties, mentionnés ici pour plus de clarté, ne doivent pas apparaître dans la version rédigée de la dissertation.

I. La recherche d'un Idéal

a. Une idéalisation du monde

> Chaque partie doit proposer **une idée clairement formulée**, et qu'il s'agit d'argumenter ensuite.

Le poète cherche généralement la beauté et, à ce titre, fait preuve d'un désir idéaliste.

Formulation de l'argument → La poésie, par son pouvoir de célébration et de transfiguration, embellit et idéalise la réalité du monde.

Exemples et citations exploitées → Ainsi les poètes romantiques célèbrent-ils à maintes reprises une nature belle, accueillante à l'homme, et consolatrice même de sa tristesse ou de sa mélancolie. La poésie d'Alphonse de Lamartine, par exemple, offre fréquemment le tableau d'une nature dont la douceur apaise le poète, lui accorde refuge et repos :

> « Mais la nature est là qui t'invite et qui t'aime ;
> Plonge-toi dans son sein qu'elle t'ouvre toujours ;
> Quand tout change pour toi, la nature est la même,
> Et le même soleil se lève sur tes jours. »
> (« Le Vallon », <u>Méditations poétiques</u>, 1820)

> Quand vous citez plusieurs vers, recopiez-les selon leur mise en page spécifique.

L'image maternelle du « sein » et l'idée d'une permanence rassurante révèlent que la nature autorise le poète à se replier dans une intimité protégée des aléas du temps et de la vie. Le paysage naturel du vallon possède toutes les caractéristiques d'un lieu idéal, doux et lumineux.

← **Interprétation** de l'argument

b. Une idéalisation de l'être aimé
La poésie lyrique, de plus, exprime des sentiments forts et ardents comme l'amour, ce qui incite certains poètes à idéaliser l'être aimé. On voit que la femme célébrée est toujours haussée au rang d'une divinité, ou tout au moins d'un être dont la beauté est légendaire, comme chez Ronsard qui, dans les <u>Sonnets pour Hélène</u> (1578), joue sur le nom d'Hélène de Surgères pour lui superposer la figure mythique d'Hélène de Troie. Non content de ce rapprochement flatteur, Ronsard va jusqu'à faire d'Hélène la source même de la vie : « Ma douce Hélène, non, mais bien ma douce haleine » (I, III). La paronomase entre « Hélène » et « haleine » permet de faire de la femme un souffle vital, une respiration. Ainsi la femme peut-elle être idéalisée jusqu'à devenir un principe créateur de vie, une déesse.

c. Une recherche de l'absolu
Le poète peut même entièrement se tourner vers un monde céleste, délaissant, ne serait-ce que par instants, la réalité pour l'Idéal, l'absolu. C'est l'attitude que semble adopter le poète dans <u>Les Fleurs du Mal</u>. Celui-ci ne cesse de se sentir

appelé à vivre dans un monde idéal, spirituel, dont il devine, par les « Correspondances », l'existence et la plénitude : déchiffrant les « forêts de symboles » de la nature, le poète entrevoit le monde céleste qui comblerait ses désirs. La rêverie lui ouvre les portes de ce monde, qu'il se représente avec la précision d'une réminiscence, comme dans le sonnet « La Vie antérieure », ou qu'il se figure sur le modèle mémoriel des îles exotiques, ainsi que le montre « Parfum exotique ». Le poème « Élévation », au début du recueil, affirme l'appartenance symbolique du poète à ce monde céleste, où soudain il perce les mystères du monde, « compren[ant] sans effort / Le langage des fleurs et des choses muettes ! ». Le poète est ainsi tendu vers le monde de l'harmonie et des hauteurs de l'âme.

> Quand vous citez peu de vers, insérez-les dans la prose et marquez les changements de vers par une barre oblique.

Bilan de la partie →

La poésie a donc bien ce pouvoir d'évoquer « un monde plus vaste ou plus beau, plus ardent ou plus doux que celui qui nous est donné », qu'il crée selon ses désirs et où il aspire à parvenir. Mais cette fuite vers l'Idéal ne répond pas à une volonté trompeuse, mystificatrice, qui chercherait à nous frustrer par d'inaccessibles utopies ; elle est bien plutôt une réaction face à un monde insatisfaisant, face à une réalité trop étroite et étouffante.

Transition vers la partie suivante →

II. L'épreuve d'un monde réel inhabitable

a. Une sensibilité exacerbée

Le poète ne méconnaît pas la réalité du monde, au contraire : c'est parce qu'il en sait tous les défauts qu'il éprouve parfois le besoin de l'embellir, voire de la fuir dans l'idéal.

Le poète fait en effet pleinement partie du monde et, à ce titre, il fait l'expérience, comme tous les hommes mais avec peut-être une sensibilité plus vive, de la misère et du malheur. « Le Cygne » de Baudelaire témoigne de la solidarité du poète pour les exclus de la société, les exilés. S'ouvrant sur la figure mythique d'une Andromaque en exil, le poète élargit progressivement le cercle des exclus auxquels il pense : le cygne, d'abord, figure allégorique de l'oiseau exilé du ciel, puis « la négresse, amaigrie et phtisique, / Piétinant dans la boue, et cherchant, l'œil hagard, / Les cocotiers absents de la superbe Afrique », les « orphelins », les « matelots oubliés dans une île », les « captifs », les « vaincus » jusqu'à l'entière communauté des hommes, comme le suggère la formule finale : « à bien d'autres encor ! ». Cette misère et ce malheur, les « Tableaux parisiens » en donnent, par-delà « Le Cygne », de multiples exemples, des « petites vieilles » aux « aveugles » et aux « femmes en gésine » de « Crépuscule du matin ». Solitaire, marginal, le poète est paradoxalement d'autant plus solidaire de toutes les victimes du malheur.

> Essayez, quel que soit le sujet, de montrer que vous avez compris le lien avec le parcours associé.

b. De la boue à l'or

C'est que l'alchimie poétique de Baudelaire ne peut partir que de la boue pour trouver l'or : c'est de l'horreur d'un corps en décomposition que naissent les visions esthétiques dans « Une charogne ». La charogne devient une « musique », puis une « ébauche » de peintre, et par une sorte de distillation le poète peut en recueillir « la forme et l'essence divine ». Les métaphores esthétiques soulignent la métamorphose du laid en beau, la sublimation de la mort charnelle en jouissance pour l'esprit. Le poète alchimiste sait l'épouvantable laideur du monde réel, voué à la dégradation et à la corruption des corps, et c'est précisément cette boue du réel qu'il doit regarder en face pour y retrouver les traces d'un Idéal qui ne se laisse qu'entrevoir.

c. Dire la misère de la condition humaine

Le poète sait d'ailleurs mieux que quiconque la misère de la condition humaine, à laquelle nul n'échappe, et qui est marquée par le poids de la finitude, de la condition mortelle. On peut penser à Jules Laforgue, poète symboliste, qui, dans ses <u>Complaintes</u> (1885), met en évidence la précarité et la laideur du corps humain :

« L'Homme et sa compagne sont serfs
De corps, tourbillonnants cloaques
Aux mailles de harpes de nerfs
Serves de tout et que détraque
Un fier répertoire d'attaques.
Voyez l'homme, voyez !
Si ça n'fait pas pitié ! »
(« Complainte du pauvre corps humain »)

L'insistante redondance sur l'asservissement de l'être humain à son faible corps (« serfs », « Serves ») et les termes péjoratifs (« cloaques », « détraque ») disent le malheur de la condition mortelle. Cependant, le poète réduit largement l'effet pathétique de cette vision par l'ironie : au ton emphatique, philosophique de la première strophe (majuscule à « Homme », vocabulaire recherché, métaphore des « harpes de nerfs ») se heurtent les formules orales et populaires de la seconde, avec en particulier l'élision de la négation (« n'fait »). Ici, le poète ne cherche nullement à nous projeter dans un monde idéal, mais nous oblige au contraire à regarder notre misère en face. Ainsi les poètes ne nous enferment-ils pas dans un monde idéalisé et purifié qui nous séparerait du monde réel et nous projetterait dans une utopie inhabitable, d'une perfection insupportable. C'est bien plutôt sur la tension permanente entre réalité et utopie, sur le désir toujours maintenu d'un dépassement du réel que porte la réflexion de la poésie moderne.

III. « Habiter poétiquement le monde »

a. Parvenir à l'Idéal, une espérance toujours maintenue
Le poète moderne n'ignore pas que le monde idéal est inaccessible ; mais le désir qui nous tend vers lui est ce qui peut permettre d' « habiter poétiquement le monde », de rendre vivable la frustrante réalité.
Le poète des Fleurs du Mal cherche ainsi successivement chez la femme, dans le vin, dans la débauche, dans le blasphème et enfin dans la mort le moyen de parvenir à cet Idéal. On aura reconnu ici les thèmes des sections de ce livre architecturé. L'itinéraire symbolique que le recueil ordonne au fil des sections donne la mesure d'un désir toujours tendu, d'une espérance maintenue jusqu'au bout – c'est-à-dire jusqu'au saut dans « l'Inconnu » de la mort. L'alchimie poétique prend alors l'aspect d'une initiation, d'une transfiguration de soi. C'est cette espérance ou ce désir qui permet d'habiter le monde.

b. Déceler par les mots la magie du monde
Le poète moderne, fort de cette énergie du désir (maintenu comme désir, puisque la satisfaction est inaccessible), peut poursuivre dans les mots son exploration du réel pour y entrevoir l'Idéal. Cette quête, qui fonde aussi bien la « sorcellerie évocatoire » de Baudelaire que l' « Alchimie du

La dissertation

verbe » de Rimbaud, se retrouve encore, sous une autre forme sans doute, chez Francis Ponge. Dans <u>Le Parti pris des choses</u> (1942), celui-ci cherche, par la double exploration du réel des choses et de la réalité des mots, l'accès au sens et au plaisir de l'activité poétique. C'est la jouissance poétique ainsi entrevue qui permet au poète d'habiter encore le monde, en pleine Seconde Guerre mondiale, autrement dit à une époque où tout incite à désespérer des hommes. Le monde du quotidien recèle une magie, une capacité à émerveiller que les mots révèlent. Ce n'est plus chez Ponge la réalité qui est consolatrice, mais l'exploration du monde, même le plus banal, qui par les mots devient jubilation ; le monde lui-même, dans sa réalité la plus concrète et la plus simple, devient objet de joie.

c. Capter la beauté des choses

Au-delà de ce plaisir, certains poètes sont attentifs à capter la beauté des choses les plus simples du monde, à chanter ce qui dans le réel a une beauté qui nous remplit d'un sentiment de plénitude, même si c'est de manière fugace et fragile. C'est la démarche de Jacques Réda lorsqu'il pose sur le monde urbain, tout imparfait qu'il soit, un regard bienveillant et souvent amusé. Dans <u>Hors les murs</u> (1982) c'est ainsi l'espace périurbain de Paris qui, dans sa diversité plus ou moins élégante ou esthétique, est célébré dans sa réalité quotidienne. La poésie moderne ne se réfugie donc pas dans un monde idéalisé, plus vaste et plus ardent, où nous n'aurions pas notre place, mais elle dit et révèle la tension qui nous porte, incessamment, au-delà de l'insatisfaction que nous procure le monde, et qui nous permet de continuer à vivre sans sombrer dans le désespoir.

> Variez les références et exemples : tout exemple n'est pas forcément une citation exacte d'un texte.

6ᵉ ÉTAPE — Rédiger la conclusion

Quand le narrateur des Mémoires d'Hadrien (1951) de Marguerite Yourcenar accuse les poètes d'être des faiseurs d'illusions, il réduit singulièrement les fonctions de la poésie. Le poète ne méconnaît pas le monde, il en connaît au contraire toutes les frustrations et toutes les laideurs ; mais il se veut souvent, selon l'heureuse expression de Hugo, « rêveur sacré ». On peut comprendre cette formule comme l'image d'un poète prophète guidant le peuple ; mais on peut aussi l'entendre, après Baudelaire, en un sens différent de celui que lui prêtait Hugo : le poète ne serait-il pas celui qui rappelle aux hommes que le désir d'un autre monde, d'un Idéal, est ce qui permet de supporter de vivre ?

En tête de conclusion : **rappel du sujet et de la problématique**

Ouverture

La dissertation

UNE ŒUVRE, UN PARCOURS : *Les Fleurs du Mal*

La dissertation

SUJET 2

→ La poésie tient-elle son pouvoir de la perfection formelle qu'elle recherche ?
Vous répondrez à cette question à partir de votre lecture des *Fleurs du Mal* de Baudelaire, et du parcours associé.

A Analyser le sujet

1re ÉTAPE Travailler sur les mots-clés du sujet et mettre au jour l'implicite

- L'explicite du sujet
- L'implicite du sujet

Perfection formelle : on peut l'associer aux techniques spécifiques de la poésie.
→ Moule traditionnel des formes fixes, contraintes de la métrique et de la rime, exigence d'un lexique *a priori* plutôt soutenu (à l'époque de Baudelaire encore, même si certains poètes dont il fait partie commencent à employer des mots plus banals, voire triviaux), emploi de figures de style.
Mais cette recherche de perfection formelle peut également rappeler que Baudelaire fut proche du mouvement du Parnasse, qui en faisait son principe absolu, et qu'il a souhaité ensuite s'en éloigner en inventant une autre manière d'écrire de la poésie.
Pouvoir : on peut penser ici qu'il s'agit de la capacité du poème à envoûter le lecteur par un imaginaire puissant (appuyé sur l'image, la métaphore par exemple) et sur un usage particulier du langage (qui recourt par exemple à la musicalité des mots).

B Trouver la problématique

2e ÉTAPE Questionner le sujet et rédiger la problématique

- Le sujet propose une explication possible du « pouvoir » de la poésie dont on sent bien qu'elle est insuffisante. Il faut donc se demander de quels autres moyens dispose la poésie pour séduire le lecteur, lui donner un plaisir esthétique et emporter son adhésion émotionnelle et intellectuelle.

● On ne va pas nier que la poésie repose toujours sur un travail formel, ni que ce travail était conçu par Baudelaire comme essentiel à la réussite du poème, à la communication de son idée et à la force de son impact affectif. Mais on peut montrer que Baudelaire, qui a voulu dépasser les principes parnassiens, n'a pas cherché la virtuosité pure, mais a cherché à fusionner les problèmes de technique avec une certaine conception du lyrisme.

Formulation de la problématique

> On s'interrogera sur la place à donner au travail de la forme dans l'alchimie poétique de Baudelaire.

C Proposition de plan détaillé

I. Les contraintes formelles sont une voie d'accès à la beauté

a. La poésie garde un lien fort avec la virtuosité technique exigée par le vers.

● Chez Baudelaire, maintien évident d'un souci de la forme versifiée :

→ prédominance quantitative du sonnet dans *Les Fleurs du Mal* (le sonnet est, depuis le XVIe siècle, une des formes les plus valorisées de la poésie, par sa densité favorisée par sa brièveté et sa difficulté technique) ;

→ recherche de formes originales et complexes, comme dans « L'Invitation au voyage », avec son alternance de pentasyllabes et d'heptasyllabes et la présence d'un refrain, ou dans « Harmonie du soir », qui est l'adaptation de la forme exotique du pantoum malais.

● Dans la poésie moderne après Baudelaire, le vers ne disparaît pas complètement, nombre de poètes continuent de recourir au vers (fût-il libéré, voire libre) et à la rime :

→ voir la citation 1 de *Ferraille*, de P. Reverdy, thème 2 du parcours associé, p. 32.

UNE ŒUVRE, UN PARCOURS : *Les Fleurs du Mal*

b. La poésie est un art du langage qui joue sur la musicalité des mots.

- La rime, mais aussi les jeux avec les sonorités (assonances, allitérations) sont des procédés essentiels de la poésie qui permettent de suggérer (et peut-être d'exercer sur le lecteur) un certain envoûtement :

→ « Le serpent qui danse » de Baudelaire joue d'une musicalité extraordinaire pour suggérer le charme (comme on parle de charmer un serpent) opéré sur le poète par la femme qui danse, mais aussi, réciproquement, par les vers du poète sur elle.

Exemple de transition rédigée

> Une **transition** est une **articulation entre deux parties de votre propos** : la formuler en deux phrases distinctes permet d'en **souligner** avec rigueur **la logique**.

Bilan de la partie →

Pour la poésie, que l'on définit parfois comme un art du langage, la réussite esthétique dépend en partie – comme en peinture, en musique ou en sculpture – de la virtuosité technique, et donc de l'aisance avec laquelle l'artiste dépasse les contraintes. Mais réduire l'art poétique à cela revient à oublier que la poésie doit toucher le lecteur, qu'elle est communication d'affects d'une âme à une autre.

Annonce de la partie suivante →

II. Mais la poésie ne se réduit pas à un souci formel

a. La poésie ne peut se limiter à une quête de perfection formelle.

- C'est le problème du groupe du Parnasse, dont Baudelaire a subi l'influence : une quête de pureté formelle qui peut devenir douloureuse, voire stérile :

→ « Hymne à la beauté » et « La Beauté » renvoient à l'idée d'une beauté cruelle, écrasante, qui peut devenir inaccessible et faire souffrir le poète.

- Arthur Rimbaud, lui aussi, a ressenti le besoin de ne pas se perdre dans la quête unique de la beauté, qui se révèle « amère » :

→ voir la citation 1 d'*Une Saison en enfer*, thème 4 du parcours associé, p. 41.

b. La poésie est d'abord l'expression de la subjectivité.

• La poésie ne peut s'enfermer dans le seul souci formel, sinon elle risque de paraître froide et désincarnée, et donc finalement sans émotion ni intérêt :
→ Le poète André Chénier écrit par exemple : « L'art ne fait que des vers, le cœur seul est poète » (*Élégies*, 1794). L'expression subjective donne au poème la force, l'énergie qui lui permet d'atteindre son destinataire : le lecteur comme être sensible.

• Cette importance de la communication est soulignée dans *Les Fleurs du Mal* par l'importance du nombre de poèmes adressés à quelqu'un, qu'il s'agisse de la femme aimée (cas très fréquent), ou de la mère (« La servante au grand cœur dont vous étiez jalouse… »), ou directement « Au lecteur ». La parole baudelairienne est tendue vers l'Autre, n'existe que comme mouvement qui porte vers autrui.

Exemple de transition rédigée

Parce qu'elle vise à toucher le lecteur, la poésie ne peut s'enfermer dans une quête de la perfection formelle qui l'éloigne inévitablement de l'expérience humaine qu'elle est chargée de dire, d'exprimer (l'expérience affective partagée par l'auteur et le lecteur). Avec la notion d'alchimie poétique, la poésie moderne invite à repenser le lien entre le lyrisme et la technique.

III. L'alchimie poétique est une redéfinition de l'inspiration et du travail poétiques

a. L'alchimie poétique suppose un double travail.

• Travail sur soi, de l'ordre de l'ascèse spirituelle, d'une purification de soi : le vécu et le senti doivent passer au filtre du travail sur l'écriture pour ne pas être simple épanchement sentimental et autobiographique, dépourvu de sens et d'intérêt.

La dissertation

→ L'alchimie poétique baudelairienne transforme les souffrances personnelles en un itinéraire symbolique, d'où la structure très réfléchie du livre des *Fleurs du Mal*, de la « Bénédiction » au « Voyage » vers la mort ; cette structure s'éloigne du modèle de l'album, qui dispose des textes divers dans un ordre chronologique. « De la vaporisation et de la centralisation du Moi. Tout est là » écrit Baudelaire dans *Mon cœur mis à nu*.

● Travail sur la langue, qui n'exclut pas, quand cela fait sens, de recourir à la maladresse poétique, qu'il s'agisse de banalités volontaires (par exemple, dans « Le Squelette laboureur », le ressassement de la dureté de la mort) ou de lourdeurs prosaïques (« Que nous veulent les lois du juste et de l'injuste ? » dans « Lesbos »).

b. L'impact de la poésie sur le lecteur est d'autant plus puissant qu'il est concerté.

● La réussite éclatante d'un poème comme « La Musique », par exemple, n'est-elle pas liée à l'extraordinaire alliance entre l'expression d'un enthousiasme subjectif, donnant l'impression d'une ouverture du sujet à l'infini (avant l'expression du désespoir), et du travail de réinvention du sonnet en des vers hétérométriques, au rythme bousculé, et à la musicalité rare ?

D Exemple d'introduction rédigée

> Ne commencez jamais par des formules vagues du type « Depuis toujours », « Depuis la nuit des temps »…

Depuis l'Antiquité gréco-latine, la poésie est associée à des conventions qui semblent artificielles et contraignantes, comme la rime ou la mesure du vers. C'est cette exigence technique, visant une sorte de perfection formelle, qui a longtemps maintenu la poésie au sommet des genres littéraires dits « nobles ». Mais ces contraintes ne visent pas seulement à qualifier le poète comme virtuose du langage, et à le faire admirer. Baudelaire, l'auteur des <u>Fleurs du Mal</u> (1861), cherche moins dans l'écriture poétique la perfection formelle qu'une sorte de « sorcellerie évocatoire » (selon la formule d'un article sur Théophile Gautier) qui fasse du poète un voyant. Quelle place le souci de la forme occupe-t-il donc dans le projet d'une alchimie poétique capable de transfigurer et de dépasser le réel ? Nous verrons que la poésie baudelairienne (et, par-delà, la poésie moderne) cherche parfois, à travers la perfection de la forme, un moyen de transfigurer la réalité. Mais on ne saurait réduire le pouvoir de la poésie à la seule virtuosité technique. L'idée même d'une alchimie poétique, promue par Baudelaire, indique le double mouvement (subjectif et technique) de l'écriture poétique.

> Montrez dès l'introduction des connaissances précises sur l'œuvre de Baudelaire : cela permet à votre correcteur d'apprécier immédiatement votre implication dans le travail de l'année scolaire.

E Exemple de conclusion rédigée

Le pouvoir de la poésie sur le lecteur ne saurait donc être suscité par le seul souci de la forme, dans le dépassement virtuose des contraintes techniques. Celui-ci ne pourrait qu'anéantir la dimension proprement humaine de la poésie, le lyrisme, c'est-à-dire la formulation de la subjectivité. L'idée d'une alchimie poétique, qui, depuis Les Fleurs du Mal de Baudelaire, constitue un des axes de la poésie moderne, souligne la nécessité d'un travail combiné sur soi et sur les mots. Ces deux aspects, loin d'être distincts, sont en fait inséparables, puisque le poète, en tant qu'être humain, est avant tout un être de langage.

> Plutôt que de commencer votre introduction par « Pour conclure » ou « En conclusion », reprenez les termes du sujet : cela suffit à marquer que vous allez conclure.

La dissertation

SUJET 3 → Dans *Le Secret professionnel* (1922), le poète Jean Cocteau écrit que la poésie « dévoile dans toute la force du terme. Elle montre nues, sous une lumière qui secoue la torpeur, les choses surprenantes qui nous environnent et que nos sens enregistraient machinalement. »
Partagez-vous cette opinion, après avoir lu et étudié *Les Fleurs du Mal* de Baudelaire et le parcours associé ?

A Analyser le sujet

1re ÉTAPE Travailler sur les mots-clés du sujet

1re étape : Trouver des synonymes aux mots-clés

Dévoiler : enlever un voile, mettre au jour, révéler.
Lumière : éclairage, manière de montrer.
Torpeur : engourdissement, léthargie, manque d'énergie.
Choses surprenantes : éléments insolites, objets inattendus.
Machinalement : par un réflexe mécanique, sans accorder d'attention ni de valeur.

2e ÉTAPE Analyser le sujet et mettre au jour l'implicite

- L'explicite du sujet
- L'implicite du sujet

Ce que dit le sujet

● Cocteau considère que la tâche (et sans doute la gloire) du poète est de découvrir aux yeux des lecteurs les aspects insolites ou merveilleux de la réalité quotidienne, souvent recouverts par des habitudes de perception et de pensée qui les noient dans une grisaille qui les cache et les rend indifférents.

Ce que ne dit pas le sujet

● C'est une conception de la poésie qui peut s'expliquer par l'importance accordée par celle-ci à l'imaginaire, ne serait-ce que par la métaphore qui rapproche des éléments habituellement distincts, et qui fait donc surgir de l'inattendu au sein de la réalité.

● Cette fonction de la poésie est extrêmement valorisée par Cocteau. On remarque l'opposition ente des termes péjoratifs (« torpeur », « enregistraient », « machinalement ») et des termes mélioratifs (« dévoile », « lumière », « surprenantes »), ce qui ne laisse aucun doute sur le fait que Cocteau considère que ce dévoilement est positif, bénéfique.

● La notion de nudité non seulement ravive et remotive le sens étymologique du verbe « dé-voile » (= ôte le voile), mais en outre elle connote, par sa proximité avec le terme « lumière », la naissance. La poésie ferait donc renaître le monde (un monde renouvelé) aux yeux du lecteur.

B Trouver la problématique

3ᵉ ÉTAPE Questionner le sujet pour trouver la problématique

● Le sujet affirme donc explicitement que la fonction de la poésie est de donner à voir le monde autrement, sous un nouveau jour, de le réinventer.

● Mais il faut penser que cette conception s'oppose à d'autres conceptions de la poésie : pour Cocteau, la poésie ne semble destinée ni à l'expression subjective, l'exploration de l'intime, des profondeurs du Moi, ni à la *vision* métaphysique ou à l'exploration du monde idéal ou spirituel, par exemple. La citation de Cocteau peut ainsi paraître trop restrictive, limitative : il existe d'autres points de vue sur le genre poétique, à commencer par la conception romantique (dire le Moi) et par la conception symboliste (faire voir l'invisible).

● Surtout, le sous-entendu majeur du sujet est que le monde quotidien recèle des « choses surprenantes » qu'il suffirait de dévoiler. Le monde cache-t-il ainsi ses merveilles aux yeux fatigués de l'être humain ? Ces « choses surprenantes » fourmillent-elles ainsi sous la banalité du monde, n'attendant que d'être dévoilées ?

La dissertation

Formulation de la problématique

> La problématique met ici en valeur les limites de l'affirmation de Cocteau.

La poésie n'est-elle vraiment que le dévoilement des « choses surprenantes » du monde quotidien où nous vivons ?

C Chercher des arguments et des exemples

4ᵉ ÉTAPE Répondre aux questions posées par la problématique et chercher des exemples

Arguments en faveur de la thèse de Cocteau

- La poésie est un éclairage, une mise en valeur d'aspects ternes du monde auquel on redonne de l'éclat et de la valeur. C'est l'une des idées de Baudelaire.

> Exemple dans *Les Fleurs du Mal*

→ Parallèle entre le soleil et le poète qui illuminent la banalité de la ville dans « Le Soleil ».

- Les objets les plus modestes ou les plus ordinaires peuvent susciter tout un univers imaginaire, dès lors que le poète leur accorde son attention.

→ « La Pipe » ou « Le Flacon » appellent tous deux pour Baudelaire des images orientales et suscitent une dérive de la rêverie.

- La poésie est soucieuse de retenir les visions fugaces, les apparitions éphémères de la beauté, qui ébranlent la sensibilité et la pensée du poète.

→ « À une passante » de Baudelaire en est un exemple.

- Le poète travaille, en proposant des images (métaphores, comparaisons, personnifications), à métamorphoser le monde, à casser les habitudes de perception et de pensée qui nous dissimulent les choses sous la grisaille de la banalité. Il casse donc les lieux communs, les stéréotypes.

→ Quand Baudelaire s'adresse à sa maîtresse Jeanne Duval en disant : « Je t'adore à l'égal de la voûte nocturne » (XXIV), il revivifie un lieu commun (la voûte nocturne comme désignation du ciel de la nuit) en lui attribuant la fonction de désignation métaphorique de la femme, transformée en déesse noire.

• Les synesthésies baudelairiennes frappent le lecteur par leur mise en relation de perceptions distinctes qui se rejoignent et se superposent : « Il est des parfums frais comme des chairs d'enfants » (« Correspondances »).

• Baudelaire affectionne aussi l'emploi de mots inattendus qui suscitent une vision impressionniste des choses et les libère de leur enveloppe platement réaliste.
→ Il écrit ainsi : « Voici venir les temps où vibrant sur sa tige / Chaque fleur s'évapore ainsi qu'un encensoir », substituant « vibrant » à « bougeant » ou « tremblant », plus convenus (« Harmonie du soir »).

• Le poète brise les habitudes de langage et, ce faisant, révèle parfois des aspects inouïs des objets les plus banals.
→ Francis Ponge dans Le Parti pris des choses (1942) s'efforce de dévoiler les merveilles que recèlent les choses du quotidien en jouant sur les échos (sonores, étymologiques, connotatifs) des mots qui les désignent.

Citation

Exemple dans d'autres œuvres

UNE ŒUVRE, UN PARCOURS : *Les Fleurs du Mal* 81

La dissertation

Arguments contre la thèse de Cocteau

• Le poète moderne, après Baudelaire, n'hésite pas à montrer aussi toute la banalité ou la trivialité du monde. Le poète ne cherche pas toujours à dévoiler des choses surprenantes, il peut aussi faire preuve d'un certain réalisme, jusqu'au prosaïsme.
→ On pense au Spleen de Paris où Baudelaire évoque souvent des objets banals (« Le joujou du pauvre »), des métiers ordinaires (« Le Mauvais vitrier »), etc. ;
→ C'est aussi le cas de Verhaeren dans Les Villes tentaculaires (1895), qui évoque les bars, les usines aux vitres cassées, les ouvriers, etc.

• Le poète peut également avoir plus d'ambition que ne le dit Cocteau, et donner à voir sous un nouveau jour les choses pour faire entrevoir un autre monde, celui de l'idéal et de la plénitude. Il se fait alors voyant.
→ C'est le cas de Baudelaire avec les « Correspondances » : le monde est décrit comme un temple empli de symboles à déchiffrer qui, par-delà les synesthésies qui modifient notre perception du monde, donnent à deviner le monde céleste de l'Idéal.

• Le monde quotidien n'est pas nécessairement un monde où des « choses surprenantes » sont dissimulées.
→ Un symboliste comme Maeterlinck le verrait plutôt comme un aquarium ou une serre, dont la paroi de verre nous permet de voir le monde (métaphysique, spirituel) de l'Idéal et de l'absolu, mais nous empêche d'y accéder. C'est l'idée centrale de tout le recueil Serres chaudes (1889).

D Exemple de conclusion rédigée

Ainsi, lorsque Cocteau définit la poésie, dans Le Secret professionnel (1922), comme un dévoilement du monde, il met l'accent sur l'une des qualités de la poésie moderne, qui cherche à briser les habitudes de perception, de pensée et de langage afin de proposer un regard neuf sur la banalité du réel. Mais à l'évidence cette définition ne saurait être tenue pour complète. Quand le poète se fait *voyant*, selon l'ambition de Baudelaire et de Rimbaud entre autres, ce n'est pas tant le réel dont il révèle les éléments cachés, que ce qui se cache derrière le réel, ce monde de l'esprit et de l'Idéal qui est l'objet de leurs désirs, de leurs aspirations. Le prosaïsme du réel doit être déchiré par la poésie pour laisser entrevoir l'inaccessible, l'invisible. Le poète n'est-il pas toujours, à des degrés divers, celui dont on attend l'annonce d'un espoir par-delà l'imperfection de notre monde et de notre condition ?

L'oral

Méthodologie pour lire à voix haute

• La poésie, à l'origine, est un art oral : le poète de l'Antiquité grecque est un aède, un récitant. L'artifice de la métrique et des rimes est en grande partie lié aux contraintes de l'accompagnement musical, qui en Grèce antique se fait principalement à la lyre ou à la flûte. Même lorsque la poésie s'est progressivement émancipée de la musique, à partir de la fin du Moyen Âge, elle a gardé trace de cette forte relation à la voix, à l'oralité.

• Lire à voix haute un texte poétique versifié, c'est donc non seulement accepter la part conventionnelle de l'expression en vers, mais c'est aussi se servir des spécificités de la versification pour mieux mettre en valeur la qualité musicale et la densité de sens du poème. Vous devez donc être attentif à tout ce qui rend votre mise en voix du texte plus agréable à l'oreille, plus expressive et plus signifiante.

A Prenez votre temps : respectez la versification

• Le rythme des vers doit guider la vitesse de votre débit. Un vers de cinq syllabes (pentasyllabe) est un vers simple, sans pause respiratoire, dit d'un seul souffle. Un alexandrin, au contraire, est un vers long, composé, qui nécessite en général une pause respiratoire **après la sixième syllabe, pause marquée par ce qu'on appelle la césure**, parfois soulignée par une ponctuation (virgule, point-virgule, etc.). Quand rien ne vient empêcher cette pause, marquez-la légèrement **en reprenant votre souffle (//)** :

« L'étoile dans l'azur, // la lampe à la fenêtre »

« Paysage »

Parfois, cependant, le poète néglige volontairement cette pause, en la faisant enjamber par un groupe de mots, au profit d'autres pauses (coupes) dans le vers :

« Andromaque, // je pense à vous ! // Ce petit fleuve […] »

« Le Cygne »

• Les vers de plus de huit syllabes ont des pauses (césure et coupes) qu'il vous faut respecter pour donner à votre diction une fluidité agréable, mais elles ont aussi fréquemment du sens, elles guident l'attention sur tel ou tel mot (elles sont liées à l'accentuation du vers).

• On marque en général une légère pause, un suspens, en fin de vers. Mais le poète peut se servir de l'enchaînement syntaxique des mots pour négliger cette pause. C'est ce que l'on appelle un enjambement :

« Je saurai te tailler un Manteau, de façon
Barbare, roide et lourd, et doublé de soupçon »

« À une Madone »

On voit ici que le poète oblige à enchaîner rapidement les vers, en faisant enjamber la fin de vers par le groupe syntaxique « de façon / Barbare » (groupe prépositionnel où l'adjectif « Barbare » suit normalement immédiatement le nom « façon »).

• La ponctuation est également à prendre en compte pour rythmer votre lecture. Certaines ponctuations exigent une pause, plus ou moins longue (par ordre décroissant : point, point-virgule, virgule).

Une lecture à voix haute ne doit être ni trop lente, ni trop rapide. Elle doit mettre en valeur le texte !

B Repérez les difficultés

• Vous avez travaillé en classe sur les poèmes que vous allez présenter au Bac : cela doit vous permettre d'anticiper sur les difficultés de la lecture à voix haute.

• Le texte en vers mesurés présente une difficulté : il vous faut respecter le nombre de syllabes par vers. Cette tâche peut se trouver compliquée par deux phénomènes :

– **L'emploi du [e] dit caduc.** Rappelez-vous que le [e] de fin de mot n'est jamais prononcé en fin de vers ; en revanche, à l'intérieur du vers, il s'efface devant un son voyelle, mais s'entend dans les mots monosyllabiques et devant un son consonne.

« Ce soir, la lune rêve avec plus de paresse »

« Tristesse de la lune »

L'oral

– **Lorsque deux sons voyelles ou semi-voyelles se suivent dans un mot**, le poète a la liberté de compter pour une seule syllabe leur enchaînement, ou au contraire de faire articuler en deux syllabes distinctes les deux sons. Dans le cas d'une « fusion » des deux sons, on parle de synérèse, et dans le cas contraire on parle de diérèse. On peut ainsi observer dans les vers suivants tirés de « L'Invitation au voyage » un jeu sur les synérèses et sur les diérèses dans les vers de cinq syllabes :

« Les soleils mouillés
De ces ciels brouillés → **Synérèse** : [jɛ]
Pour mon esprit ont les charmes
Si mystérieux → **Diérèse** : [i-ə]
De tes traîtres yeux
Brillant à travers leurs larmes. »

● Parfois, le vers présente successivement plusieurs mots où une diérèse ou une synérèse est possible. C'est alors en fonction de la césure que l'on sait comment traiter le problème. Dans l'exemple suivant, la césure (//) de l'alexandrin se place plus aisément après « irrité » qu'au milieu de « con/tre » : on prononce donc de préférence « Pluviôse » avec une diérèse (« Plu-vi-ôse ») et « entière » avec une synérèse (« en-tière », et non « en-ti-ère »).

« Pluviôse, irrité // contre la ville entière »

« Spleen », LXXV.

C Fluidifiez la lecture en faisant les liaisons

● Les liaisons permettent souvent de rendre plus souple l'enchaînement des mots. Elles se font :

– **de manière obligatoire** entre déterminant ou adjectif et nom :

« ton épouse encore vierge »

« L'Horloge »

« d'immenses efforts »

« La Cloche fêlée »

Attention, la liaison entraîne parfois, comme dans le deuxième exemple ci-dessus, l'obligation de prononcer le **[e] caduc**.

– **de manière facultative** <u>entre le verbe et ce qui le suit</u>, ou après des conjonctions et adverbes comme *après, depuis, mais*….

« Qui riait avec eux de ma sombre détresse »

« La Béatrice »

● Aidez-vous du lexique et de la ponctuation mélodique (point d'exclamation, point d'interrogation) pour deviner le ton du poème et adapter votre diction en conséquence : il serait malencontreux de lire l'un des « Spleen » sur un ton joyeux et guilleret !

❿ Entraînez-vous !

La mise en voix d'un poème est question d'entraînement, comme la diction d'un texte de théâtre. Entraînez-vous le plus souvent possible, seul, devant un ami ou un parent, ou en vous enregistrant sur votre portable… L'important est de se rendre compte, en s'écoutant soi-même ou par les remarques de quelqu'un d'autre, de l'effet que produit votre lecture, afin de l'améliorer.

L'oral

2. L'explication linéaire

- L'explication du texte choisi par l'examinateur doit suivre une **démarche linéaire**. Il s'agit d'évaluer votre capacité à rendre compte, après la lecture expressive de l'extrait, de votre compréhension du texte (dans son lexique et sa cohérence globale), mais également de vos analyses et de votre interprétation du texte. Celles-ci ont été travaillées en classe, avec l'aide de votre professeur : vous avez étudié avec précision les **stratégies** et les **procédés** d'écriture mis en œuvre par l'auteur, et vous avez ensuite mis en rapport ces éléments avec le contexte et avec les **enjeux** (éthiques, sociaux, politiques, psychologiques, etc.) de ce texte.

- La démarche linéaire, obligatoire, n'est pas un fastidieux commentaire ligne à ligne ou vers à vers du texte. On attend de vous qu'après avoir **situé avec précision le texte dans l'œuvre ou le parcours** vous choisissiez une perspective d'étude qui organise vos remarques sur le texte selon une ligne cohérente : il vous faut donc déterminer une **problématique** qui mette en évidence l'intérêt et **les enjeux principaux du texte**.

- Ensuite, vous mettez en évidence la **structure** du texte, en repérant les différents **mouvements** qu'on peut y repérer. Vous pouvez pour cela vous appuyer parfois sur la division du texte en strophes ou en paragraphes, qui correspond souvent à des glissements voire à des ruptures d'une idée à une autre. Mais d'autres indices doivent être pris en compte.

- Chaque mouvement doit ensuite être commenté de manière à en faire ressortir l'intérêt, les enjeux et les éléments littéraires principaux. Bien qu'il soit préférable d'équilibrer le nombre d'analyses sur les différents mouvements, il se peut que telle ou telle partie du texte nécessite d'être examinée plus longuement, ou justifie au contraire (par sa densité moindre ou par son aspect répétitif, par exemple) d'y passer moins de temps.

- Une **conclusion** reprenant les éléments principaux de votre commentaire est attendue à la fin de votre exposé, avant la **question de grammaire**.

○ La problématique

Bien souvent, la problématique prend la forme d'une question, que vous formulez vous-même.

○ La structure du texte

Les connecteurs logiques, les changements dans l'énonciation peuvent par exemple être de précieux éléments pour le « découpage » du texte.

EXPLICATION LINÉAIRE 1

« La Vie antérieure » (poème XII)

J'ai longtemps habité sous de vastes portiques
Que les soleils marins teignaient de mille feux,
Et que leurs grands piliers, droits et majestueux,
Rendaient pareils, le soir, aux grottes basaltiques

5 Les houles, en roulant les images des cieux,
Mêlaient d'une façon solennelle et mystique
Les tout-puissants accords de leur riche musique
Aux couleurs du couchant reflété par mes yeux.

C'est là que j'ai vécu dans les voluptés calmes,
10 Au milieu de l'azur, des vagues, des splendeurs
Et des esclaves nus, tout imprégnés d'odeurs,

Qui me rafraîchissaient le front avec des palmes,
Et dont l'unique soin était d'approfondir
Le secret douloureux qui me faisait languir.

A Présentation du passage et projet de lecture

● Le sonnet « La Vie antérieure » est le douzième poème de la section « Spleen et Idéal » de l'édition de 1861 des *Fleurs du Mal*, le recueil majeur de Charles Baudelaire (1821-1867). Dès le poème liminaire « Au lecteur », Baudelaire a obligé le lecteur à envisager avec lucidité le mal qui, sous diverses formes, condamne l'être humain au malheur et l'attire en permanence vers le « Diable qui tient tous les fils qui nous remuent » (v. 13).

● Au début de la section « Spleen et Idéal », c'est la figure du poète qui est présentée : maudit par sa mère (« Bénédiction »), raillé par les autres hommes (« L'Albatros »), ne pouvant plus s'attacher qu'à une « Muse vénale » ou à une « Muse malade », le « Poëte » est néanmoins appelé à être le « prince des nuées » (« L'Albatros », v. 13), et a le goût de l'infini. Cet infini, autre nom de l'Idéal, lui est constamment révélé par les « Correspondances » entre les choses du réel et celles du monde spirituel.

L'oral

● C'est dans ce cadre que « La Vie antérieure » prend toute son importance : souvenir des îles exotiques que Baudelaire a découvertes en 1841, ce poème est surtout la représentation d'un pays idéal, dont le paysage reflète un inaccessible bonheur entrevu en esprit.

➡ **Problématique : Quelle image de l'Idéal ce sonnet essentiellement descriptif parvient-il à susciter pour le lecteur ?**

Comme souvent dans un sonnet, les quatrains forment une unité, ici fondée sur la description du paysage maritime, avec laquelle rompent les tercets qui, tout en reprenant certains éléments descriptifs, sont davantage axés sur les sentiments du poète, et accentuent donc le lyrisme du poème.

B Analyse linéaire

➡ Le titre

Le titre du sonnet place d'emblée le paysage évoqué sous un jour nostalgique. L'épithète « antérieure » suggère la nostalgie d'un bonheur évanoui, d'un paradis perdu, que seul l'esprit peut retrouver, par l'effort d'une réminiscence. Le thème sous-jacent de la métempsychose, de la réincarnation, indique la situation d'exil, dans laquelle le poète se sent enlisé, loin de l'Idéal.

○ **La métempsychose**
La métempsychose est la réincarnation d'une âme dans un autre corps après la mort.

➡ Les quatrains

Le texte

1er mouvement
Une marine harmonieuse

> J'ai longtemps habité sous de vastes portiques
> Que les soleils marins teignaient de mille feux,
> Et que leurs grands piliers, droits et majestueux,
> Rendaient pareils, le soir, aux grottes basaltiques.
>
> Les houles, en roulant les images des cieux,
> Mêlaient d'une façon solennelle et mystique
> Les tout-puissants accords de leur riche musique
> Aux couleurs du couchant reflété par mes yeux.

Objectif BAC

Analyse des deux quatrains

• Le poème s'ouvre sur un tableau représentant un paysage maritime, encadré par des marques de première personne du singulier : elles annoncent l'expression lyrique des tercets, mêle si la présence énonciative du poète s'efface durant la description. Le passé composé « J'ai longtemps habité », par son aspect accompli, révolu, confirme la perspective nostalgique du poème annoncée par le titre ; mais l'adverbe « longtemps » implique une durée qui justifie la précision de la description qui suit.

• Celle-ci évoque un lieu méditerranéen, puisque les « portiques » et les « piliers » connotent une architecture antique, grecque ou romaine. L'épithète « vastes » introduit un cadre large, porté par l'élan des deux premiers vers, que n'arrête aucune ponctuation, et qui se poursuit malgré tout ensuite puisque tout le premier quatrain ne forme qu'une unique phrase. Cette ampleur du paysage est également suggérée par les hyperboles telles que le pluriel des « soleils marins » et le déterminant numéral du groupe « mille feux ». La triple qualification des piliers (« grands », « droits et majestueux ») participe également à créer cette impression d'immensité du paysage.

• On remarque surtout que tous les éléments de ce premier quatrain renvoient à une harmonie sans heurt, à une unité sans rupture. En effet, les « portiques » et les « grottes » articulent l'intérieur et l'extérieur, l'intime et l'infini, mais aussi l'architecture et la nature, voire le blanc du marbre au noir du basalte. Les « soleils marins » réduisent l'antinomie de l'eau et du feu, ce que confirme aussi la nature « basaltiqu[e] » des « grottes », puisque le basalte est une roche volcanique. De même, les « piliers » et les « grottes » associent symboliquement le masculin (aspect phallique) et le féminin (cavité intime). Le « soir », enfin, fusionne le jour et la nuit. Les oppositions sont ainsi atténuées, les contraires se mêlent avec grâce. Visuellement, le paysage reflète donc une parfaite osmose de tous ces éléments.

○ Les piliers
Les piliers ont une forme phallique, c'est-à-dire semblable à un phallus, autre mot désignant le sexe masculin.

L'oral

UNE ŒUVRE, UN PARCOURS : *Les Fleurs du Mal*

L'oral

• Le second quatrain poursuit cette insistance sur l'harmonie : le vers 5 décrit le reflet du ciel sur la mer. Mais à l'aspect uniquement visuel et immobile du premier quatrain le poète ajoute ici un aspect mouvant et auditif, que souligne le lexique musical. Cette « musique » se fait entendre dans l'écriture poétique elle-même, grâce aux allitérations en [l], en [m] et en [k], mais surtout grâce à l'assonance en [ou] (« houles », « roulant », « tout », « couleurs », « couchant ») qui domine toute la strophe.

• Conformément à ce que le sonnet « Correspondances » a développé au début de « Spleen et Idéal » (c'est le quatrième poème de la section), il y a ici une correspondance entre la « musique » et les « couleurs », et cette synesthésie permet à l'âme de sentir la correspondance plus essentielle entre le monde réel et le monde spirituel, comme le suggèrent les adjectifs « solennelle et mystique » qui renvoient au sacré.

> **Les synesthésies**
> Les synesthésies sont des correspondances entre différents sens, par exemple entre la vue et l'ouïe.

• L'univers visible rejoint la sphère divine. Le dernier vers montre que le paysage s'accorde à l'âme du poète et ouvre en lui le sentiment de l'infini.

➜ Les tercets

Le texte

> **2ᵉ mouvement**
> La vie intérieure du poète

C'est là que j'ai vécu dans les voluptés calmes,
Au milieu **de l'azur, des vagues, des splendeurs**
Et des esclaves nus, tout imprégnés d'odeurs,

Qui me rafraîchissaient le front avec des palmes,
Et dont l'unique soin était d'approfondir
Le secret douloureux qui me faisait languir.

Analyse des deux tercets

• **Le tournant du sonnet, le vers 9**, reprend la formule du premier alexandrin en la variant. Le pronom « j' » revient, soulignant le recentrement de la fin du sonnet sur le « je » du poète. Mais surtout, le retour du passé composé et la synonymie entre « habité » et « vécu » mettent en parallèle le début des quatrains et celui des tercets.

- Le poète propose ensuite une synthèse de la description précédente avec une **énumération** qui reprend le triple motif du ciel, de la mer et de la lumière. La formule « voluptés calmes » fait écho au poème « L'Invitation au voyage » (LIII) où l'on retrouve les mêmes termes. Elle insiste sur le plaisir et l'apaisement procurés par le paysage au poète. L'allitération en [v] souligne à nouveau l'harmonie entre les éléments. Et les « odeurs » dégagées par les esclaves enrichissent encore le panel des « correspondances » entre les sens. Mais le vers 11 introduit cependant des éléments qui déstabilisent l'harmonie du lieu idéal. On est surpris, d'abord, de constater que ces « esclaves nus » sont des hommes : les femmes, et donc l'amour, paraissent exclus de ce paradis, peut-être parce que la femme est la tentatrice, la corruptrice. De plus, la notion même d'esclavage implique l'idée d'une domination peu compatible avec l'idée de paradis, associée à la liberté.

- Le second tercet poursuit le mouvement du précédent, avec lequel il ne forme qu'une seule phrase. L'évocation des sens continue, avec le toucher : le rafraîchissement est mis en relief par la double allitération en [f] et en [r], d'abord ostentatoire (« rafraîchissaient le front ») puis plus diluée (« approfondir », « faisait languir »).

- Cependant, la strophe procède à un éloignement spatial de l'Idéal : le cadre grec des quatrains laisse désormais la place à un cadre plus exotique, que souligne le mot « palmes » (le terme « esclaves » permettant la transition entre l'Antiquité grecque et la rêverie insulaire).

- En outre, le sonnet se resserre sur l'intériorité du poète : le mot « front » est une métonymie de l'intellect et fait basculer du paysage apaisant à l'âme souffrante. Bien qu'il ait des « esclaves » comme un despote, le poète semble soumis à leur cruauté : dans ce tercet, la première personne n'est plus sujet mais objet (le « je » devient « me »), et le verbe « approfondir » peut signifier aussi bien *examiner* que *creuser, augmenter*. Les termes « douloureux » et « languir » associent souffrance et manque d'énergie.

> **Métonymie**
> Figure de déplacement permettant de désigner une chose par une autre, à laquelle on l'associe.

UNE ŒUVRE, UN PARCOURS : *Les Fleurs du Mal*

• Quel est, alors, ce « secret » qui mine le poète ? Est-ce l'absence de la femme aimée ? Est-ce une incurable mélancolie, liée à la certitude d'une irrémédiable déchéance de l'être humain, voué à ne pas retrouver le paradis perdu, qui ne peut être qu'entrevu ? Toujours est-il que le dernier vers, dans un effet de chute, fait surgir le spleen au sein même d'une représentation de l'Idéal.

C Conclusion

Le sonnet « La Vie antérieure » inscrit l'Idéal dans une perspective nostalgique : le paradis est perdu, le poète ne peut que l'entrevoir, le revoir, mais il sait qu'il n'y accèdera plus. La remontée du temps (que le poème « L'Ennemi » présentait comme l'une des formes du mal) ne peut donc s'opérer que le temps d'un sonnet, et le paradis ne peut être retrouvé que par l'écriture, qui oppose sa *sorcellerie évocatoire* à la laideur du quotidien.

D Question de grammaire

Vous analyserez la proposition suivante :
« [...] dont l'unique soin était d'approfondir
Le secret douloureux qui me faisait languir » (v. 13-14).

La proposition donnée est une proposition subordonnée relative, introduite par le pronom relatif « dont ». Elle a pour antécédent le nom « esclaves » au vers 11, comme la relative « Qui me rafraîchissaient le front avec des palmes » (v. 12) avec laquelle elle est coordonnée par la conjonction « Et ». Le pronom « dont » permet de construire un complément du nom : « l'unique soin [de ces] esclaves nus ».

Le saviez-vous ?

Dans son essai *L'Art romantique*, Baudelaire déclare : « Manier savamment une langue, c'est pratiquer une espèce de sorcellerie évocatoire ».

EXPLICATION LINÉAIRE 2

« Le serpent qui danse » (poème XXVIII)

Que j'aime voir, chère indolente,
    De ton corps si beau,
Comme une étoffe vacillante,
    Miroiter la peau !

5 Sur ta chevelure profonde
    Aux âcres parfums,
Mer odorante et vagabonde
    Aux flots bleus et bruns,

Comme un navire qui s'éveille
10   Au vent du matin,
Mon âme rêveuse appareille
    Pour un ciel lointain.

Tes yeux où rien ne se révèle
    De doux ni d'amer,
15 Sont deux bijoux froids où se mêlent
    L'or avec le fer.

À te voir marcher en cadence,
    Belle d'abandon,
On dirait un serpent qui danse
20   Au bout d'un bâton.

Sous le fardeau de ta paresse
    Ta tête d'enfant
Se balance avec la mollesse
    D'un jeune éléphant,

25 Et ton corps se penche et s'allonge
    Comme un fin vaisseau
Qui roule bord sur bord et plonge
    Ses vergues dans l'eau.

Comme un flot grossi par la fonte
30   Des glaciers grondants,
Quand l'eau de ta bouche remonte
    Au bord de tes dents,

Je crois boire un vin de Bohême,
    Amer et vainqueur,
35 Un ciel liquide qui parsème
    D'étoiles mon cœur !

L'oral

A Présentation du passage et projet de lecture

• « Le Serpent qui danse » fait partie du recueil des *Fleurs du mal* (1857, puis 1861) de Charles Baudelaire, qui a suffi à imposer son auteur comme le grand poète de la modernité. Du point de vue biographique, on sait que le poète évoque ici Jeanne Duval, sa maîtresse, une jeune femme métisse aux origines géographiques mal établies, qu'il a rencontrée lorsqu'il n'avait que vingt ans. Celle-ci, obscure comédienne dans de petits théâtres, représente à ses yeux la femme sensuelle et exotique. Il lui consacre d'ailleurs, dans la section « Spleen et Idéal », un certain nombre de poèmes qui constituent une sorte de cycle, qui, dans l'édition de 1861, s'étend fort probablement de « Parfum exotique » (XXII) à « Je te donne ces vers afin que si mon nom… » (XXXIX).

• L'inspiration amoureuse pousse Baudelaire, dans « Le serpent qui danse », à célébrer la beauté physique de la femme et son irrésistible pouvoir de séduction, exacerbé par le mouvement chorégraphique.

➡ **Problématique : Comment l'évocation poétique de la danse métamorphose-t-elle la femme en un être fascinant et ambivalent ?**

Le poème peut se diviser en trois parties : le poète interpelle d'abord la femme aimée en exprimant son désir pour elle (v. 1-4), puis détaille chaque partie de son corps dans une description élogieuse (v. 5-28), avant d'exprimer un désir de fusion chargé d'érotisme (v. 28-36).

B Analyse linéaire

➡ **Le titre**

Le titre du poème annonce la description de la femme en danseuse, puisque le poème précédent, « Avec ses vêtements ondoyants et nacrés… » (XXVII), a déjà comparé la femme dansant aux « longs serpents que les jongleurs sacrés / Au bout de leurs bâtons agitent en cadence » (v. 3-4). Mais les connotations de ce titre sont ambiguës : s'agit-il d'évoquer les charmeurs de serpents, en développant une rêverie orientaliste à la mode au XIXe siècle ? Ou de rappeler la proximité de la femme et du mal, incarné par le serpent qui tente Ève, dans le célèbre récit de la Bible sur le paradis originel ? On peut y voir aussi une désignation de la forme même du poème qui, s'il reprend des motifs et des mots du poème qui le précède, quitte la forme du sonnet pour adopter la forme de neuf quatrains hétérométriques où alternent octosyllabes et pentasyllabes. Cette forme, en effet, peut suggérer typographiquement la forme allongée et ondulante du reptile sur la page.

➜ Premier quatrain

Le texte

> Que j'aime voir, chère indolente,
>   De ton corps si beau,
> Comme une étoffe vacillante,
>   Miroiter la peau !

1er mouvement
Une apostrophe à la femme

Analyse du premier quatrain

• Le poème s'ouvre sur une phrase exclamative, qui exprime l'admiration du poète pour la femme qui danse : « j'aime voir » (expression du plaisir). L'apostrophe « chère indolente » indique l'affection amoureuse, mais ce sera la seule marque du sentiment amoureux ; tout de suite, le nom « indolente » oriente plutôt le poème vers le désir charnel : il connote la lascivité de la danseuse.

• La « peau », brillante et comparée à une « étoffe », fait de la femme un serpent (dont la peau luisante est susceptible de muer). En mentionnant cette « peau », le poète amorce immédiatement l'analyse du « corps si beau » de la femme en éléments distincts, ce qui rapproche le poème d'un blason du corps féminin.

L'oral

➜ **Quatrains 2 à 7**

Le texte

2ᵉ mouvement
Un blason du corps féminin

Sur ta chevelure profonde
    Aux âcres parfums,
Mer odorante et vagabonde
    Aux flots bleus et bruns,

Comme un navire qui s'éveille
    Au vent du matin,
Mon âme rêveuse appareille
    Pour un ciel lointain.

Tes yeux où rien ne se révèle
    De doux ni d'amer,
Sont deux bijoux froids où se mêlent
    L'or avec le fer.

À te voir marcher en cadence,
    Belle d'abandon,
On dirait un serpent qui danse
    Au bout d'un bâton.

Sous le fardeau de ta paresse
    Ta tête d'enfant
Se balance avec la mollesse
    D'un jeune éléphant,

Et ton corps se penche et s'allonge
    Comme un fin vaisseau
Qui roule bord sur bord et plonge
    Ses vergues dans l'eau.

Analyse des quatrains 2 à 7

● Le tutoiement permet d'imposer la présence de la femme, qui semble danser sous nos yeux, et de souligner l'intimité qu'elle partage avec le poète.

● Les strophes 2 et 3 poursuivent la description du corps de la danseuse commencée par la « peau » moirée en insistant sur la chevelure, élément chargé d'un érotisme puissant chez Baudelaire. Le poème « La chevelure » (XXIII) associait déjà les cheveux au parfum et au voyage. Valorisée par l'adjectif « profonde », la chevelure permet en effet la transition entre l'ondulation du serpent et le tangage d'un

navire, mais aussi entre les notations visuelles du premier quatrain et les notations olfactives.

● Les strophes 2 et 3 initient le mouvement de la rêverie du poète, qui, par la métaphore de la mer et la comparaison avec le navire, déréalise le corps de la femme au profit d'une dérive de l'imagination. Mais elles n'oublient pas de suggérer une musicalité propre à l'évocation de la danse, par le rythme des vers comme par les allitérations marquées en [v] et, plus localement, en [b] (v. 8).

● Après les cheveux, ce sont les yeux qui retiennent l'attention du poète. Dans le sillage des « Correspondances » (IV), le poème joue de la synesthésie : la vue est associée au goût (antithèse « doux » vs « amer ») et au toucher (« froids »), deux sens qui prennent le relai de la vue et de l'odorat évoqués auparavant. Les « bijoux » sont un comparant valorisant, qui soutient l'éloge sensuel, mais comme l'âcreté du vers 6, des éléments négatifs nuancent cet éloge : l'indifférence, voire la cruauté, transparaît par l'évocation du « fer » (métal froid, dur, militaire) aux côtés de « L'or », dans un saisissant effet d'allitération en [R] en clausule de strophe, qui attire notre attention sur le thème de l'alchimie : la femme est capable d'associer des métaux contraires (l'or précieux et le fer vil), initiant le poète à une transmutation matérielle que les dernières strophes vont mettre en œuvre.

On note une référence à l'alchimie, qui est au Moyen-Âge la « science » qui permettrait de transformer le plomb en or.

● Constituant la strophe centrale du poème (la cinquième sur neuf), les vers 16 à 20 reprennent et explicitent le titre du texte en revenant sur le mouvement de la danse et en ravivant l'image du charmeur de serpents oriental. Les **allitérations en [d]** et en **[b]** participent à la musicalité obsédante du poème. Mais celui-ci prend soudain une coloration plus nettement sensuelle : l'expression « Belle d'abandon » suggère une posture voluptueuse, et l'image du bâton est clairement phallique.

● L'isotopie de la nonchalance se fait plus insistante dans la seconde moitié du poème. On la retrouve dans les deux strophes suivantes à travers les termes « paresse » et « mollesse » à la rime, et avec les verbes « Se balance » et « s'allonge ».

○ **Isotopie**

Une isotopie est la répétition d'un terme ou d'une notion déclinée à plusieurs endroits d'un texte.

UNE ŒUVRE, UN PARCOURS : *Les Fleurs du Mal*

L'oral

> **Paronomase**
> Figure de style qui consiste, dans un énoncé, à rapprocher des paronymes, des mots comportant des sonorités proches mais ayant des sens différents.

● L'éléphant, animal exotique, rappelle comme le serpent les origines de la métisse qu'était Jeanne Duval. Mais, plus profondément, ces deux bêtes suggèrent la sensualité animale, physique, de la femme. C'est pourquoi le poète peut glisser, à l'inverse du début du poème, de la parcellisation (peau, cheveux, yeux) à la globalisation du « corps ». Le retour de la comparaison avec le navire souligne le caractère obsessionnel de la rêverie du poète ; mais avec le mot « vergues », qui par paronomase appelle le mot *verge*, cette rêverie érotique gagne en audace.

➜ Quatrains 8 et 9

Le texte

> **3ᵉ mouvement**
> Le rêve de fusion érotique

Comme un flot grossi par la fonte
    Des glaciers grondants,
Quand l'eau de ta bouche remonte
    Au bord de tes dents,

Je crois boire un vin de Bohême,
    Amer et vainqueur,
Un ciel liquide qui parsème
    D'étoiles mon cœur !

Analyse des quatrains 8 et 9

● La quatrième occurrence de l'adverbe de comparaison « comme » ouvre le dernier mouvement du poème en soulignant avec insistance que l'imagination et l'écriture du poète font subir des métamorphoses successives au corps désiré, déréalisé et comme spiritualisé par la démultiplication des images (comparaisons, mais aussi métaphores). Le motif de l'eau participe de l'alchimie poétique : du métal froid de la femme, le poète fait un liquide qu'il peut absorber, avec lequel il peut fusionner.

● Cette transmutation de la matière est rendue par les sonorités des vers 29 et 30, qui opposent l'harmonie fuyante des [f] (« flot », « fonte ») à l'aspect rugueux des [g] et des [r] (« grossi », « glaciers grondants »), au moment où l'ouïe, dernier des cinq sens à être mentionné, fait enfin son apparition.

• Elle se poursuit dans l'eau métamorphosée en « vin de Bohème », qui dit l'ivresse du plaisir. La fusion rendue possible est alors, paradoxalement, à la fois très érotique (« l'eau de la bouche » suggère la baiser) et très spirituelle : le « ciel liquide » témoigne de la valeur mystique de la fusion des corps, de l'initiation au sacré qu'elle permet. Dernière transmutation alchimique : le « cœur » du poète devient ciel plein « D'étoiles », l'intime se transforme en infini.

C Conclusion

Le poème met ainsi en œuvre une alchimie poétique qui, dans la sensualité la plus marquée, trouve un accès au sacré. La femme, dangereux « serpent » qui attire le poète vers la tentation diabolique de la chair, est aussi une initiatrice au divin et à l'infini. Elle tient donc à la fois du spleen et de l'Idéal, et l'écriture poétique peut retrouver, dans l'abondance et l'ambivalence des sensations synesthésiques liées au corps féminin (les cinq sens sont ici présents), une voie vers le suprasensible, le céleste, qui est l'objet de la quête du poète. Ce poème illustre ainsi parfaitement la poétique de Baudelaire, entre pouvoir alchimique de la poésie et « correspondances » entre les sens et le spirituel.

D Question de grammaire

**Analysez la composition du groupe nominal suivant :
« Mer odorante et vagabonde /
Aux flots bleus et bruns » (v. 8-9).**

Ce groupe nominal a pour noyau le nom « Mer », sans déterminant puisque placé en fonction d'apposition au nom « chevelure » du vers 5. Ce nom est caractérisé par trois expansions : deux adjectifs épithètes coordonnés, « odorante et vagabonde », suivis d'un complément du nom, « Aux flots bleus et bruns ». Ce complément est lui-même composé de l'amalgame « aux » (préposition *à* + article défini *les*), du nom « flots » et de deux adjectifs de couleur en fonction d'épithètes liées, « bleus et bruns ».

EXPLICATION LINÉAIRE 3

« Le Crépuscule du matin » (poème CIII)

La diane chantait dans les cours des casernes,
Et le vent du matin soufflait sur les lanternes.

C'était l'heure où l'essaim des rêves malfaisants
Tord sur leurs oreillers les bruns adolescents ;
5 Où, comme un œil sanglant qui palpite et qui bouge,
La lampe sur le jour fait une tache rouge ;
Où l'âme, sous le poids du corps revêche et lourd,
Imite les combats de la lampe et du jour.
Comme un visage en pleurs que les brises essuient,
10 L'air est plein du frisson des choses qui s'enfuient,
Et l'homme est las d'écrire et la femme d'aimer.

Les maisons çà et là commençaient à fumer.
Les femmes de plaisir, la paupière livide,
Bouche ouverte, dormaient de leur sommeil stupide ;
15 Les pauvresses, traînant leurs seins maigres et froids,
Soufflaient sur leurs tisons et soufflaient sur leurs doigts.
C'était l'heure où parmi le froid et la lésine
S'aggravent les douleurs des femmes en gésine ;
Comme un sanglot coupé par un sang écumeux
20 Le chant du coq au loin déchirait l'air brumeux ;
Une mer de brouillards baignait les édifices,
Et les agonisants dans le fond des hospices
Poussaient leur dernier râle en hoquets inégaux.
Les débauchés rentraient, brisés par leurs travaux.

25 L'aurore grelottante en robe rose et verte
S'avançait lentement sur la Seine déserte,
Et le sombre Paris, en se frottant les yeux,
Empoignait ses outils, vieillard laborieux.

A Présentation du passage et projet de lecture

« Le Crépuscule du matin » est un poème composé de vingt-huit alexandrins qui fait écho au « Crépuscule du soir » qui le précédait immédiatement dans l'édition de 1857 des *Fleurs du Mal*. Ils sont, en 1861, déplacés tous deux dans la section nouvelle des « Tableaux parisiens » et séparés l'un de l'autre par sept poèmes ; « Le Crépuscule du matin » est alors situé juste après « Rêve parisien » qui, comme lui, évoque un douloureux réveil dans l'aube brumeuse. Il clôt alors la section, avant le passage à la section « Le Vin », dont il annonce certains aspects.

➡️ **Par quels moyens la description de la cité géante de Paris devient-elle pour le lecteur une vision fantastique d'un monde où la mort ronge les êtres ?**

Le poème, disposé en quatre strophes graphiques, organise son propos en quatre temps : un distique initial pose le cadre réaliste du poème ; puis deux strophes développent successivement une vision en intérieur puis en extérieur de la ville, avant qu'un quatrain final n'élève la description à la dimension allégorique.

B Analyse linéaire

➡️ Le titre

Le titre fait clairement pendant à celui du « Crépuscule du soir » qui précède dans le recueil. Le terme « crépuscule » s'emploie plutôt, au temps de Baudelaire, pour le soir, mais il n'est pas erroné de l'employer aussi pour la transition que marque l'aube.

➡️ Les vers 1 et 2

Le texte

> La diane chantait dans les cours des casernes,
> Et le vent du matin soufflait sur les lanternes.

1er mouvement
Le cadre réaliste de la description

🔴 La diane
La diane est la sonnerie pour réveiller les militaires le matin.

UNE ŒUVRE, UN PARCOURS : *Les Fleurs du Mal*

L'oral

Lexique prosaïque

Le terme « prosaïque », qui se réfère à la prose, désigne ce qui n'est pas, par essence ou par habitude, poétique : le quotidien, le trivial, le banal.

Analyse des vers 1 et 2

- Les deux premiers vers, isolés de la suite du texte par un saut de ligne, ancrent le poème dans le réalisme, par son lexique prosaïque. L'aurore est indiquée à la fois par la diane et par la prochaine extinction des « lanternes ». L'emploi de l'imparfait de l'indicatif signale d'emblée la dimension descriptive du poème.

➜ Les vers 3 à 11

Le texte

2ᵉ mouvement
La vision intérieure de la ville

> C'était l'heure où l'essaim des rêves malfaisants
> Tord sur leurs oreillers les bruns adolescents ;
> Où, comme un œil sanglant qui palpite et qui bouge,
> La lampe sur le jour fait une tache rouge ;
> Où l'âme, sous le **poids du corps revêche et lourd**,
> Imite les combats de la lampe et du jour.
> Comme un visage en pleurs que les brises essuient,
> L'air est plein du frisson des choses qui s'enfuient,
> Et l'homme est **las d'écrire** et la femme d'aimer.

Analyse des vers 3 à 11

- Le deuxième mouvement du poème place le poète et le lecteur en position de voyeurs qui pénètrent du regard dans l'intimité des chambres : celles des adolescents, mais celle, aussi, de « l'homme » qui écrit (le poète ?) et de la femme lasse d'aimer. Les personnages évoqués ne sont jamais précisément identifiés.

Anaphore

Répétition d'un mot ou d'une expression en début de vers, de strophe ou de proposition.

- L'anaphore structure la strophe : « C'était l'heure où » (v. 3), reprise par « Où » aux vers 5 et 7. Elle permet au poète de ralentir le temps, en décrivant différents aspects du même moment de la journée, celui du réveil. Le présent prend le relais de l'imparfait, pour mettre en valeur la dimension habituelle des actions évoquées.

- La **torpeur et l'engourdissement** sont soulignés. Mais surtout, le thème du mal et de la douleur surgit avec force. Le cauchemar (ou le rêve érotique insatisfait ?), la disparition des « choses qui s'enfuient » et la lassitude qui suit l'écriture comme l'amour font de la fin de la nuit un moment négatif.

La vision de ce crépuscule est ainsi marquée par le spleen.

➔ Vers 12 à 24

Le texte

Les maisons çà et là commençaient à fumer.
Les femmes de plaisir, la paupière livide,
Bouche ouverte, dormaient de leur sommeil stupide ;
Les pauvresses, traînant leurs seins maigres et froids,
Soufflaient sur leurs tisons et soufflaient sur leurs doigts.
C'était l'heure où parmi le froid et la lésine
S'aggravent les douleurs des femmes en gésine ;
Comme un sanglot coupé par un sang écumeux
Le chant du coq au loin déchirait l'air brumeux ;
Une mer de brouillards baignait les édifices,
Et les agonisants dans le fond des hospices
Poussaient leur dernier râle en hoquets inégaux.
Les débauchés rentraient, brisés par leurs travaux.

> **3ᵉ mouvement**
> La vision extérieure de la ville

Analyse des vers 12 à 24

● Le troisième mouvement du poème décrit cette fois l'aspect extérieur de la cité. Le regard, d'abord intrusif, se place en surplomb, observant de haut « Les maisons » (v. 12), la « mer de brouillards » qui enveloppe « les édifices » (v. 21) et finit par embrasser à la fois l'intérieur et l'extérieur (« les agonisants dans le fond des hospices » comme les « débauchés » qui rentrent chez eux).

● Les figures humaines se démultiplient, mais sans être individualisées. Le *tableau parisien* paraît s'élargir à l'ensemble des activités humaines, avec un certain réalisme qui n'élude pas les vices (prostitution, « lésine », débauche) et la misère (pauvreté, maigreur), et toute la vie humaine, de la naissance (« en gésine ») à la mort (« les agonisants »). C'est par leurs activités que sont caractérisées les figures humaines, non par leurs sentiments.

● Mais à chaque fois ce sont le mal et le malheur qui dominent : les corps sont usés, déformés, souffrants ; tous les âges, évoqués en désordre, sont concernés par cet épuisement. La vie entière est une lutte contre la mort, comme en témoignent le redoublement significatif du verbe « Soufflaient » au vers 16 et l'image violente du « sang écumeux » (v. 19). Les vers 19 et 20 soulignent

UNE ŒUVRE, UN PARCOURS : *Les Fleurs du Mal*

particulièrement la violence du monde urbain : le verbe « déchirait » prend une valeur cruelle ; une <u>allitération en [k]</u> leur donne un aspect occlusif, dur ; la proximité entre « sanglot » et « sang » insiste sur la transformation du « chant » matinal en égorgement.

➜ Vers 25 à 28

Le texte

> **4ᵉ mouvement**
> Une allégorie spleenétique

L'aurore grelottante en robe rose et verte
S'avançait lentement sur la Seine déserte,
Et le sombre Paris, en se frottant les yeux,
Empoignait ses outils, vieillard laborieux.

> **Personnification**
> Image qui attribue des caractéristiques spécifiquement humaines à un animal, un végétal ou une chose.

● Dans le quatrain final, l'aurore et la ville sont personnifiés. L'espace s'ouvre en panorama et semble prendre un aspect plus positif, par les couleurs évoquées (« rose et verte ») comme par un dynamisme plus soutenu (adjectif verbal « grelottante », verbes à l'imparfait, gérondif « en se frottant »). Mais le couple allégorique n'est pas si positif qu'il n'y paraît à première vue : l'aurore est faible (« grelottante », « lentement ») et suit une Seine « déserte » ; quant à Paris, c'est un « vieillard » qui peine à s'éveiller et demeure « sombre ».

● L'image de l'aurore se réduit au cliché : elle rappelle la célèbre épithète homérique « l'aurore aux doigts de rose », qui ouvre plusieurs épisodes de l'*Odyssée*. En outre, la <u>diérèse</u> sur l'adjectif « laborieux » insiste sur la perspective d'une journée harassante, qui ruine tout espoir de sortir de l'épuisement.

C Conclusion

« Le Crépuscule du soir » atteint, par-delà la description réaliste dont pourtant le poème semble naître, la dimension d'un texte visionnaire, appuyé sur la capacité à métamorphoser le réel en un monde fantastique (au moyen d'une prolifération de comparaisons et de métaphores), inquiétant et allégorique, qui donne à voir l'angoisse face au temps qui ronge les êtres et au malheur qui règne sur la ville moderne.

D Question de grammaire

Quelle est la fonction du groupe « sous le poids du corps revêche et lourd » (v. 7) ?

Ce groupe prépositionnel, encadré par des virgules, déplaçable et suppressible dans la phrase, est un complément circonstanciel. La valeur de ce complément est discutable : la préposition « sous » tend à en faire un complément circonstanciel de lieu, mais en réalité, dans le contexte, la valeur dominante est la cause, puisque c'est le « poids du corps » qui oblige « l'âme » à « Imite[r] les combats de la lampe et du jour ».

L'oral

3. L'entretien avec l'examinateur

A Conseils pour exprimer et justifier son point de vue

➜ Justifier ses choix

- L'entretien avec l'examinateur, seconde partie de l'épreuve orale, dure huit minutes. Elle a pour but d'évaluer votre capacité à présenter l'œuvre que vous avez choisie.

- Si vous choisissez de présenter le recueil *Les Fleurs du Mal*, cherchez d'abord à justifier ce choix : pourquoi cette œuvre vous a-t-elle intéressé ? N'hésitez pas à partir de vos impressions personnelles durant la lecture. Vous pouvez évoquer votre plaisir à lire les poèmes, tout comme vos étonnements, vos difficultés, vos réactions de rejet, etc. L'important est de vous montrer impliqué dans votre lecture, et capable de mettre en rapport votre lecture personnelle, et les émotions qu'elle suppose, avec ce que vous avez pu apprendre et comprendre de l'œuvre par le biais de vos analyses et des cours auxquels vous avez participé.

- Soyez honnête dans vos propos : ne cherchez pas à feindre un enthousiasme pour le recueil si vous ne l'avez pas vraiment ressenti. L'examinateur devinerait trop facilement la part de comédie de votre discours. Vous pouvez exprimer toute réaction face à l'œuvre à partir du moment où vous êtes en mesure d'argumenter ce que vous affirmez : si certains poèmes vous ont déplu, il faut pouvoir en dire la raison.

➜ Utiliser des verbes d'opinion

- Assumez la subjectivité de votre présentation de l'œuvre, en employant des verbes d'opinion : *penser, croire, trouver, considérer, estimer, juger, (se) douter, supposer, (s')imaginer, admettre, se figurer*, etc.

- Par exemple, n'hésitez pas à dire : « Je pense que *Les Fleurs du mal* peuvent continuer à déranger certains lecteurs, car elles gardent une force de subversion », ou au contraire :

« Je ne crois pas que le recueil puisse encore être considéré à notre époque comme une œuvre immorale, apte à bousculer son hypocrite lecteur d'aujourd'hui ».

➜ Nuancer ses propos

● Pensez à varier vos formulations. Vous pouvez recourir à des expressions comme « selon moi », « à mon avis », « d'après moi » ou à des tournures telles que « je suis persuadé que », « j'ai l'impression que », etc. Montrez-vous capable de nuancer votre propos, en employant la concession (*quand même, malgré cela, certes, même si, tout... que*, etc.) :

– « Bien que Baudelaire soit souvent considéré comme un poète qui annonce le symbolisme, j'ai davantage le sentiment qu'il appartient au romantisme. »

– « Baudelaire a beau affirmer son goût pour la beauté, son œuvre s'appesantit davantage, selon moi, sur le laid et sur le macabre. »

> **Les verbes d'opinion**
> Rappelez-vous que la plupart des verbes d'opinion sont suivis de l'indicatif à la forme affirmative, et du subjonctif à la forme négative ou dans la modalité interrogative.

B Exemples de questions possibles

Préparez-vous en réfléchissant aux questions que l'examinateur pourrait vous poser. Par exemple :

– Pour quelles raisons avez-vous choisi cette œuvre ? En quoi vous a-t-elle plu / touché / interrogé / marqué / dérangé / ennuyé / agacé ?

– En aviez-vous entendu parler avant de la lire ? Si oui, en quoi votre lecture a-t-elle confirmé ou infirmé les informations ou les jugements que vous aviez entendus à son propos ?

– Comment le parcours associé, « Alchimie poétique : la boue et l'or », éclaire-t-il l'œuvre ?

– Pensez-vous que ce parcours soit trop réducteur ? Pourquoi ?

– Quelles difficultés avez-vous rencontrées lors de votre lecture ? Comment avez-vous essayé de surmonter ces difficultés ? Qu'est-ce qui vous a motivé / découragé face à ces efforts ?

– Certains poèmes ont-ils davantage retenu votre attention ? Lesquels ? Pour quelles raisons ?

L'oral

– Pensez-vous qu'un tel recueil gagne à être lu en continu, ou au contraire faut-il selon vous le feuilleter au hasard, dans le désordre ? Pourquoi ?

– Comprenez-vous pourquoi cette œuvre a été condamnée en procès à l'époque de sa publication ? Pourquoi un tel procès n'aurait-il plus lieu aujourd'hui, selon vous ?

– Comprenez-vous l'importance de la poésie de Baudelaire dans l'histoire littéraire ? En quoi cette œuvre éclaire-t-elle encore notre façon de vivre, de ressentir, d'aimer ou de penser aujourd'hui ?

– Avez-vous appris certains poèmes par cœur ? Si oui, lesquels ? Qu'est-ce qui peut justifier le désir de mémoriser ces textes ?

– Pensez-vous relire un jour ce livre ? Pourquoi ?

– Est-ce une bonne chose, selon vous, d'inscrire ce recueil au programme des lycées ? Justifiez votre réponse.

– Cette lecture vous a-t-elle amené à lire d'autres livres ? Lesquels ? Quels liens faites-vous entre ces lectures ?

Lexique

Alexandrin : vers de douze syllabes. Il est le plus souvent divisé en deux parties de six syllabes (hémistiches) autour d'une pause appelée « césure ».

Allégorie : figure de style qui consiste à représenter une idée abstraite sous une forme concrète. Ex : « Je vis cette faucheuse » pour évoquer la mort (Victor Hugo, « Mors », *Les Contemplations*, 1856).

Allitération : retour de sons consonnes identiques visant à produire un effet. Ex : « Comme un flot grossi par la fonte / Des glaciers grondants » (« Le Serpent qui danse »).

Anaphore : répétition d'un même mot ou groupe de mots au début de plusieurs vers successifs ou de plusieurs strophes successives. Ex : « Comme au jeu le joueur têtu, / Comme à la bouteille l'ivrogne, / Comme aux vermines la charogne » (« Le Vampire »).

Antithèse : figure de style consistant à employer des mots qui contrastent ou s'opposent par leur sens dans des parties de phrase ou dans des phrases distinctes. Ex : « Le vin sait revêtir le plus sordide bouge / D'un luxe miraculeux » (« Le Poison »).

Apostrophe : figure de style consistant à interpeller un destinataire. Ex : « Ô toi que j'eusse aimé » (« À une passante »).

Assonance : retour de sons voyelles identiques visant à produire un effet. Ex : « Sous les ifs noirs qui les abritent » (« Les Hiboux »).

Blason : poème décrivant en détail et de manière souvent élogieuse une partie du corps humain.

Comparaison : rapprochement de deux éléments ayant un rapport de ressemblance ou de correspondance au moyen d'un outil de comparaison. Ex : « La musique parfois me prend comme une mer ! » (« La Musique »).

Connotation : valeur affective ou culturelle d'un mot qui vient enrichir son sens lexical, c'est-à-dire la signification donnée par le dictionnaire. Ex : le mot « serpent » peut connoter le mal, la méchanceté satanique, en référence à la Bible.

Diérèse : prononciation séparée de deux voyelles qui se suivent et sont habituellement groupées en une seule syllabe. Ex : « vi-olence ».

Distique : strophe de deux vers. Ex : voir le poème « Abel et Caïn ».

Dolorisme : conception selon laquelle la souffrance est utile et a une valeur morale.

[e] caduc : [e] de fin de mot qui n'est prononcé (et donc ne compte pour une syllabe) que devant un mot commençant par un son consonne, dans la versification traditionnelle.

Lexique

Enjambement : débordement d'une phrase ou d'un groupe syntaxique d'un vers sur le vers suivant, ce qui efface la pause en fin de vers.

Énumération : figure de style consistant à faire une liste de termes détaillant une idée d'ensemble. Ex : « La sottise, l'erreur, le péché, la lésine » (« Au lecteur »).

Esthétique (adj.) **:** qui renvoie au jugement de goût (distinction du beau et du laid) ou au plaisir de la beauté.

Esthétique (n.) **:** science du beau, conception du beau ou mise en œuvre de principes visant à produire du beau.

Éthique : qui renvoie au jugement moral (distinction du bien et du mal) et à la réflexion sur le comportement moral.

Hyperbole : figure de style qui consiste à exagérer une expression pour lui donner plus d'intensité.

Isotopie : ensemble d'éléments redondants dans un texte, par exemple sous la forme d'un réseau de mots appartenant au même champ lexical.

Liminaire (poème) : poème d'ouverture d'un recueil ou d'une section de recueil.

Lyrique (registre) : ensemble de caractéristiques d'un texte qui vise à exprimer des sentiments intimes.

Métaphore : figure de style rapprochant directement par image, donc sans outil de comparaison, deux réalités ayant un rapport de ressemblance ou de correspondance. Ex : « la mer – rauque chanteuse » (« Mœsta et errabunda »).

Métrique : ensemble des éléments relatifs à la mesure du vers, à sa longueur.

Muse : dans l'Antiquité grecque, divinité féminine incarnant l'un des arts (musique, peinture, poésie lyrique, danse, etc.). Par extension, femme qui inspire des textes à un poète.

Octosyllabe : vers de huit syllabes.

Oxymore : figure de style rapprochant dans un même groupe de mots des termes de sens opposés. Ex : « Sublime ignominie ! » (« Tu mettrais l'univers entier dans la ruelle… »).

Parnasse : mouvement littéraire dont les idées émergent dans les années 1850 et qui s'étend officiellement de 1866 à 1876. Ses principes sont la recherche de la perfection stylistique et formelle, le rejet du lyrisme au profit de la description et le refus de l'engagement politique ou social de l'écrivain, selon le slogan « L'Art pour l'Art », emprunté à Théophile Gautier. Il a pour chef de file le poète Charles Leconte de Lisle, ami de Baudelaire.

Personnification : figure de style consistant à doter un élément non humain de caractéristiques humaines, telle que la faculté de parler. Ex : « J'entends le crâne à chaque bulle / Prier et gémir » (« L'Amour et le Crâne »).

Quatrain : strophe de quatre vers.

Lexique

Romantisme : mouvement littéraire et artistique qui couvre presque tout le XIXe siècle et s'étend à toute l'Europe ; la sensibilité romantique valorise le Moi, la subjectivité, définie par ses émotions, ses passions, ses rêves, et par son rapport à la nature. Le romantisme implique aussi la conscience d'être un acteur dans l'Histoire. Il correspond enfin à une volonté de libérer l'art des règles classiques. Il est représenté par Hugo, Lamartine et Musset notamment.

Sonnet : poème de forme codifiée comportant quatorze vers, traditionnellement répartis en deux quatrains suivis de deux tercets.

Strophe : groupe de vers ayant une unité au niveau du sens et des rimes, et habituellement isolé typographiquement par des sauts de lignes.

Symbolisme : mouvement littéraire et artistique de la seconde moitié du XIXe siècle qui met l'accent sur la musicalité et la force de suggestion des mots, l'attention aux symboles, aux rêves et au domaine spirituel, et qui prône un certain idéalisme en condamnant la vulgarité et la laideur du réel. Baudelaire annonce le symbolisme, qui naît dans les années 1880 autour de Verlaine et de Mallarmé notamment.

Synesthésie : rapprochement de sensations relevant de deux sens différents. Ex : « il est des parfums frais comme des chairs d'enfants » (odorat-toucher, dans « Correspondances »).

Tercet : strophe de trois vers.

Réponses aux Quiz

p. 7 1. Baudelaire fit en 1841-1842 un voyage à destination des Indes, mais il s'arrêta et séjourna à l'île Maurice et à la Réunion. 2. Baudelaire fut déçu de l'engagement politique lorsqu'il vit la prise de pouvoir en 1851 par Louis-Napoléon Bonaparte : la Révolution républicaine de 1848 lui parut alors avoir été inutile. 3. Le livre fut condamné pour « outrage à la morale publique et aux bonnes mœurs ».

p. 10 1. Baudelaire a connu la Restauration (règnes de Louis XVIII, de Charles X), la monarchie de Juillet (règne de Louis-Philippe Ier), la Deuxième République et le Second Empire. 2. Celui qui organise et supervise les grands travaux à Paris est le préfet Georges Haussmann. 3. Lorsque Baudelaire entre en littérature, c'est le mouvement romantique qui domine la vie intellectuelle française.

p. 14 1. Le retentissement des *Fleurs du Mal* en 1857, restreint aux milieux littéraires, est cependant important et s'explique par le scandale qui entoure l'œuvre, et par l'estime que certains auteurs reconnus portent déjà à Baudelaire. 2. L'alchimie du verbe est une notion développée par Arthur Rimbaud dans le sillage de Baudelaire.

p. 18 1. Les trois grandes inspiratrices de Baudelaire sont Jeanne Duval, Apollonie Sabatier et Marie Daubrun. 2. On peut penser à « La Destruction » notamment.

p. 19 1. Le mot *spleen* est emprunté à l'anglais signifiant « rate ». 2. Le spleen est à la fois plus profond que la mélancolie (il atteint au désespoir) et plus large (il intègre divers sentiments et émotions comme l'ennui, le deuil, la tristesse, l'angoisse du temps qui passe).

p. 20 1. La nature, pour Baudelaire, est nécessairement corrompue et grevée par l'inéluctable détérioration qu'elle implique, par la mort qui travaille tous les êtres vivants. Elle est imparfaite. 2. On peut penser aux poèmes des « Tableaux parisiens » (« Les Sept Vieillards », « Les Petites Vieilles », « Les Aveugles », « Le Cygne »), mais aussi aux « Femmes damnées » (les lesbiennes sont socialement rejetées) et au « Vin des chiffonniers ».

p. 21 1. Il s'agit du sonnet « Correspondances » (IV). 2. La transmutation de la boue en or concerne également le poète, puisqu'il s'agit aussi d'un itinéraire spirituel, d'une ascèse intérieure.

p. 22 1. On peut penser à l'albatros, au cygne, à Andromaque, aux petites vieilles, aux aveugles... 2. Il s'agit du poème « Les Phares ».

p. 24 1. La femme incarnant l'inspiration poétique est la muse. 2. Les auteurs du romantisme ont souvent angélisé la femme.

p. 28 1. L'œuvre de Baudelaire, en liant le spleen à un « Idéal », annonce le symbolisme. 2. Pour les poètes qui

UNE ŒUVRE, UN PARCOURS : *Les Fleurs du Mal*

Réponses aux Quiz

p. 34 1. La formule est de Baudelaire, dans *Le Spleen de Paris*. 2. La ville pour Baudelaire est à la fois un espace d'émerveillement (la beauté peut y surgir de manière imprévue, comme dans « À une passante ») et un lieu d'aliénation et de perte de soi.

p. 39 1. Le savoir ésotérique (ou gnose) est une connaissance réservée à des initiés. 2. Par certains aspects, la suivent les principes baudelairiens, le réel est trop étroit (l'être humain s'y confronte à des limites que son esprit souhaiterait dépasser, comme la précarité du corps, la mort, etc.), bourgeois (matérialiste, lié à des valeurs morales étriquées : le bonheur familial, la réussite professionnelle, l'aisance financière), souvent vulgaire et laid également.

p. 44 1. De façon très schématique, le poète a suivi un parcours descendant : interprète des dieux dans l'Antiquité grecque, il est ensuite devenu successivement un conseiller des princes (âge classique), un mage souvent peu entendu (romantisme), un homme malheureux puis maudit (Verlaine), enfin un être à la voix inquiète d'elle-même, doutant de son pouvoir (lyrisme contemporain). 2. La notion de « poète maudit » est due essentiellement à Paul Verlaine, qui l'a développée dans une série d'articles publiée en 1884 et augmentée en 1888.

figure mythique d'Orphée incarne le poète voyant.

Notes

Notes

Notes

Crédits photographiques

Couverture : Gustav Klimt, *Le Baiser*, 1907-1908, Palais du Belvédère, Vienne. © BIS / Ph. photostudio otto © Archives Larbor

p. 4 : Portrait photographique de Charles Baudelaire, 1860, Nadar (1820-1910), BnF. BIS / Ph. Coll. Archives Nathan

Conception graphique intérieur et couverture : Élise Launay
Mise en pages : STDI
Fabrication : Camille Friquet
Édition : Clémentine Coudray et Claire Beilin-Bourgeois

MIXTE
Papier issu de sources responsables
FSC® C022030

Achevé d'imprimer en Italie en décembre 2019 par Bona
N° d'éditeur : 10259080 - Dépôt légal : Décembre 2019